하나님의 시간을 살다 간 사람들

하나님의 시간을 살다 간 사람들

초판 1쇄 찍은 날 · 2007년 5월 5일 | 초판 1쇄 펴낸 날 · 2007년 5월 10일

지은이 · 황승균 | 펴낸이 · 김승태

편집 · 최선혜 | 본문 디자인 · 정혜정 | 표지 디자인 · 장원영
영업 · 변미영, 장완철, 김성환 | 물류 · 조용환, 엄인휘

등록번호 · 제2-1349호(1992. 3. 31.) | 펴낸 곳 · 예영커뮤니케이션
주소 · (110-616) 서울 광화문우체국 사서함 1661호 | 홈페이지 www.jeyoung.com
출판사업부 · T. (02)766-8931 F. (02)766-8934 e-mail: jeyoungedit@chol.com
출판유통사업부 · T. (02)766-7912 F. (02)766-8934 e-mail: jeyoung@chol.com
제작 예영 B&P · T. (02)2249-2506~7 F · (02)2249-2580 e-mail:yeyoungbnp@hanmail.net
인쇄 삼덕정판 · T. (02)465-4598

copyright©2007, 황승균

ISBN 978-89-8350-431-9 (03230)

값 9,000원

하나님의 시간을 살다 간 사람들

황승균 지음

예영커뮤니케이션

　누가복음 1장에서 누가는 "우리 중에 이루어진 사실에 대하여 그 모든 일을 근원부터 자세히 미루어 살폈다."고 기록합니다.

　신실한 주님의 종 황승균 목사님은 위대한 신앙 위인들의 삶 속에 숨겨진 이야기들을 그 근원부터 정확하게 살펴보았습니다. 그래서 이 책 『하나님의 시간을 살다 간 사람들』에는 지금까지 우리가 알지 못했던 신앙 거목들의 생생한 일화와 아름다운 간증들이 담뿍 담겨 있습니다.

　황 목사님의 책을 읽는 모든 분들이 늘 우리 곁에 계신 하나님의 숨결을 느끼시기를 소원하며 기쁜 마음으로 이 책을 추천합니다.

김장환 목사(극동방송 사장)

Dear Korean Readers,

There is a lifetime of wisdom about the Christian life that is packed into Dr. Joseph Whang's Book. However, it is unquestionably the best book to come along in a while- breezy, concrete, spiced with the right amount of God's grace and miracle. In this book, Dr. Whang dispenses the sharp-edged of God's Providence. Dr. Joseph Whang is giving back what he learned from God. I am hoping you will enjoy this book.

God Bless You!

The Rev. Dr. H. Frederick, Jr. Ph.D
President,
Lutheran Theological Southern Seminary

Dr. Joseph Whang teaches with profound Scriptural insight and an in-depth understanding of the Korean and American cultures. His extensive knowledge of western culture and history provides an interesting and informative source for analysis of Biblical truth. His fluent mastery of several languages makes him one of the most effective communicators of our day. May God bless all those who learn from his teaching, whether in person, on radio or television, or one of his fascinating books.

Reverend Doctor James P. King
Doctor of Ministry,
Erskine Presbyterian Theological Seminary

차례

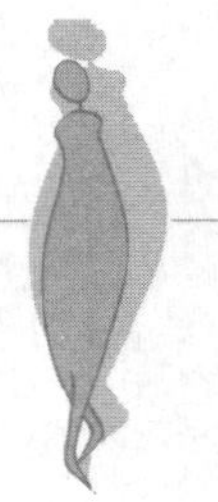

영국 속담에 "하나님은 신비로운 방법으로 역사하신다."(God works in mysterious ways.)라는 말이 있다. 이 말은 믿음의 사람들을 위한 적절한 표현일 뿐 아니라 그리스도인 모두에게 해당되는 말이라고 생각한다.

수많은 믿음의 사람들은 좋은 환경, 혹은 그 반대의 환경 속에서도 결국 하나님이 허락하신 시간과 환경 속에서 살았다. 그리고 그들의 삶을 통하여 하나님의 영광을 드러냈다. 또한 주님은 그들의 어려운 환경을 선으로 바꾸셨고 그들에게 최상의 삶이 되었다는 것을 알게 했다.

필자는 믿음의 삶을 사는 사람들의 일생을 '하나님의 시간을 산 삶'이라고 표현하고 싶다. 그동안 극동방송 "지혜의 산책" 시간을 통하여 매일 소개된 내용들을 이번에 책으로 내놓게 되었다. 오늘을 사는 그리스도인들이 처한 모든 환경과 여건이 결국에는 최상의 삶이 될 것이며, 하나님께서는 궁극적으로 영광을 받으실 것이다. 또한 모든 그리스도인들이 하나님의 선하심과 인자하심 속에서 하나님의 시간을 살아가고 있다고 확신하며 승리의 삶을 가는데 도움을 주었으면 하는 바람이다.

이 책이 나오기까지 도움을 주신 분들이 계신데 각막 수술을 한 후 어려움을 겪고 있을 때 원고를 정리해 주신 뉴스 캐롤라이나 신문사의 클라라 킴(Clara Kim) 집사님, 그리고 세상에 나올 수 있도록 산고의 고통을 치르신 예영커뮤니케이션의 김승태 사장님과 편집부 식구들, 또한 부족한 사람에게 귀한 방송사역을 허락해 주시고 늘 사랑과 격려를 아끼지 않으시며 추천해 주신 극동방송 사장이신 김장환 목사님(Billy Kim), 뜨거운 마음으로 이 책을 추천해 준 귀한 친구 제임스 킹(James King) 박사, 마지막으로 이 책을 추천해 주시기 위하여 유럽에서의 바쁜 일정을 마치고 서둘러 돌아오신 스승이자 루터교신학대학원 원장님이신 레이즈(Reisz) 박사님께 충심으로 감사를 드린다.

이 책이 하나님의 시간을 살았던 사람들의 삶을 본받아 살아가기를 원하는 모든 독자들에게 작은 도움이 되길 기도하며 하나님께 모든 영광을 드린다.

미국 루터란신학대학원 연구실에서 황승균

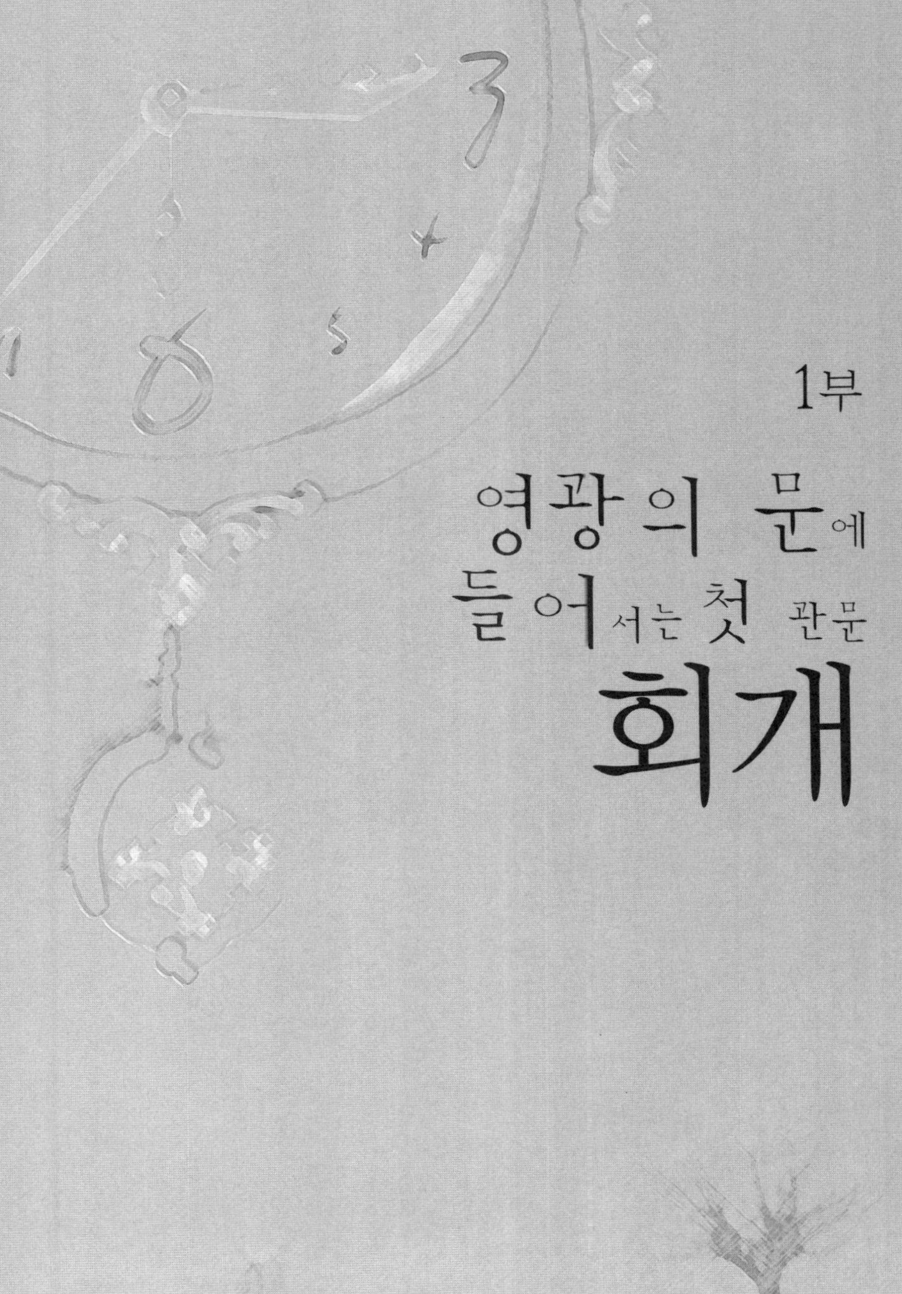

1부

영광의 문에 들어서는 첫 관문

회개

주님, 들어오세요

수잔 애킨스가 찰리 맨슨을 처음 만났을 때 마치
세상의 구세주를 만났다고 생각했다. 그러나 그녀가 18세가 되던 해에
마약과 섹스에 빠져 살던 맨슨의 생활 속에 함께 빠져 들고 말았다.

어느 날 맨슨은 수잔에게 게리 힌맨이라는 친구를 소개했다. 게리는
2만1천 불을 상속받은 사람이었다. 맨슨은 그녀에게 이렇게 말했다.

"네가 만일 어떤 중요한 일을 하고 싶다면 게리를 죽이고 그의 돈을
네가 가져."

며칠 후 맨슨은 바비와 메리에게 애킨스에게 보냈다. 그들과 함께
게리의 돈을 빼앗아 오도록 한 것이다. 그러나 그들은 성공하지 못했고
돈을 빼앗는 과정에서 바비가 게리를 죽이고 말았다. 당황한 바비는 경
찰수사에 혼돈을 주기 위하여 거실 벽에 게리의 피로 "정치적 돼지!"라
고 써 놓았다. 하지만 바비는 며칠 후 경찰에 체포되고 말았다. 바비의
석방을 놓고 고민하던 맨슨은 진짜 살인범이 따로 있다고 경찰이 생각
하도록 유인작전을 쓰기로 했다. 게리를 죽인 살인방법과 똑같은 수법
으로 또 다른 살인을 저지르기로 한 것이다.

며칠 후 깊은 밤중에 수잔과 다른 세 명이 비벌리 힐스에 있는 어느 집을 침입했다. 그들은 눈에 띄는 사람들을 닥치는 대로 죽여 버렸다. 한 남자는 집 앞 주차장에서 살해되었고, 폴란드의 바람둥이인 우지세이치 프란코스키와 여배우 샤론 타테, 국제적으로 유명한 미용사 제이 세브링, 그리고 폴저 커피의 상속녀 아비가일 폴저는 집안에서 살해당했다. 네 사람이 살해당하면서 흘린 피로 온 집안이 피바다가 되었다. 수잔은 힌맨을 죽인 살인범이 아직 잡히지 않고 이 같이 또 다시 살인을 저질렀다는 것으로 위장하기 위하여 문에 "돼지"라는 글을 피로 써 놓았다. 그러나 경찰의 끈질긴 수사로 수잔은 체포되어 유죄판결을 받고 사형을 언도받았다. 그녀는 캘리포니아 여자 감옥 사형수 감방에서 죽음을 기다리고 있었다.

그런데 어느 날 이름을 밝히지 않은 사람이 그녀에게 성경책을 한 권 보내왔다. 그 성경에는 이런 글이 적혀 있었다.

"주여, 수잔 애킨스에게 주님의 임재하심을 보여 주시옵소서."

그리고 어느 날 수잔은 라디오를 통해 캘리포니아 대법원에서 사형 선고 폐지가 6대 1로 통과되었다는 소식을 들었다. 수잔은 가슴이 벅차 수없이 흐느껴 울었다. 그녀는 처음으로 이렇게 기도했다.

"오! 하나님, 감사합니다. 제 삶을 연장시켜 주셔서 감사드립니다."

그로부터 한 달이 지난 후, 폴섬 감옥에서 종신형을 지내고 있던 올드 부르스라는 맨슨가의 일원이 수잔에게 하나님에 관한 편지를 써서 보내기 시작했다. 부르스는 그녀에게 할 린세이가 쓴 『지구 위의 종말』이라는 책을 읽도록 권했다. 그는 또한 그녀에게 성경 통신 공부 과정에 등록하도록 격려하였다. 그녀는 부르스의 충고를 받아들였다.

하나님의 시간을 살다 간 사람들

1974년 9월 27일 밤 수잔은 감옥 침대에 누워서 자신이 범한 죄에 대해서 곰곰이 생각했다. 그러면서 그녀는 "나는 용서받기를 원합니다."라고 말하였다. 그 말을 하자마자 "너는 결심하여야 한다."는 말이 들렸다.

그녀는 '당시 주님께 자신을 전적으로 맡기지 않았더라면 기회가 다시 오지 않았을 것'이라고 회상하였다. 그녀는 '볼지어다. 내가 문 밖에서 두드리고 있다.'라는 성경말씀을 상기하면서 말했다.

"주님, 거기 계시면 들어오세요."

그때 침묵이 흘렀다.

"좋다, 들어가리라. 그러나 문을 열어라."

그녀는 물었다.

"무슨 문을요?"

"수잔, 어느 문을 열어야 하는지, 그 문이 어디 있는지, 너는 알고 있다. 돌아서라. 그리고 열어라. 내가 들어갈 것이다."

그녀는 손잡이가 달린 문을 보았다. 그리고 그녀는 문을 잡아당겨 열었다. 밝은 빛이 그녀에게 비추어졌다. 거기에 희미하게 사람이 서 있는 것이 보였고 그녀는 그가 예수님인 것을 알았다. 주님은 그녀에게 말씀하셨다.

"내가 실로 여기 있다. 내가 너의 심령 속으로 들어간다. 이제 거듭나게 되고 너는 영원히 나와 함께 살게 될 것이다. 이 일이 진짜 일어나고 있다. 이것은 꿈이 아니다. 너는 하나님의 자녀이다. 너는 깨끗해졌다. 그리고 너의 죄는 용서받았다."

처음으로 수잔은 내적으로 외적으로 깨끗함을 느꼈다.

당신은 하나님이 가장 악독한 죄인도 용서하심을 믿는가? 사도 바울은 스데반을 죽인 공범자였다. 그리고 우리들 또한 천성적으로 몹시 악하다. 그러므로 우리는 용서함을 받아야 할 필요가 있다. 우리의 모든 죄와 허물을 하나님 앞에 내려놓고 자복하고 회개할 때 구원의 축복을 누릴 수 있다.

일흔 세 살의 **요나**

하나님께서는 다른 이들에게 우리의 사랑을 전하기 기원하신다. 하나님께서는 우리에게 그의 사랑을 보여 주기 위해 그의 아들을 궁극적인 증거로 보내주셨다.

우리는 고래뱃속의 요나를 기억하고 있다. 그러나 여덟 마디의 설교를 통하여 거대한 도시 전체를 회개케 했던 역사상 위대했던 설교자들을 잊고 있다.

성경 속의 요나서를 읽고 요나로부터 영감을 받아 이름까지 요나로 바꾼 설교자가 있었다. 그는 성경이 가득 들어 있는 가방 하나를 손에 쥐고 목숨을 걸고 중국으로 향했다. 그리고 요나서 3장 4절을 가지고 니느웨에서 선지자 요나가 사람들 앞에서 했던 것처럼 이렇게 외치며 설교하였다.

"여러분은 회개해야 합니다. 그렇지 않으면 심판하시는 하나님의 진리를 무시하고 사는 것입니다."

어느 날 주말에 그는 사람으로 가득 찬 3등 열차 속에서 오도 가도 못하고 있었다. 그런데 어떤 군인이 요나의 옆으로 가까이 다가와서 이렇게 물었다.

"노인양반, 당신이 그렇게 행복해 보이는 이유를 말해 주세요."

요나는 주변에 있는 사람들을 향해 대답했다.

"무엇을 생각하십니까? 여러분에게 일어날 수 있는 가장 행복한 일이 무엇입니까?"

요나 옆에 있던 사람이 대답했다.

"나는 아름다운 여인에게 사랑받고 싶습니다."

어떤 여인은 이렇게 대답했습니다.

"크고 좋은 집을 가지면 가장 행복할 것 같아요."

또 다른 사람은 이렇게 말했습니다.

"미국으로 갈 수 있는 여권이 있으면 행복할 것 같습니다."

그 군인은 이렇게 말했다.

"모든 군인을 통솔할 수 있는 권력이 있다면 제일 행복할 것 같습니다."

이들의 이야기를 다 들은 요나는 이렇게 말했다.

"나는 황제들이 부러워할 큰 저택이 있습니다. 나는 세상에서 가장 아름다운 사람으로부터 사랑을 받고 있습니다. 나는 원하는 곳은 어디든지 갈 수 있는 자유가 있습니다. 그리고 나는 이 세상에서 가장 힘이 있는 사람의 친한 친구가 되었습니다. 그의 이름은 예수 그리스도입니다. 나는 한 사람으로부터 이 모든 것을 받았습니다."

기차가 중국을 가로질러 떠날 때 요나는 성경을 꺼내들었다. 그는 그리스도를 믿는 믿음에 관하여 밤새워 설명하며 스무 시간을 넘게 그들과 성경 이야기를 나누었다. 그리고 기차에서 내려 다섯 시간을 자전거를 타고 목적지를 향했다. 기차 안에 함께 있던 어떤 사람이 알려 주

하나님의 시간을 살다 간 사람들

어서 공안당국의 눈을 교묘히 피하며 갈 수 있었다.

　요나는 40시간을 기차로 여행하고 9시간을 버스를 탔으며, 9시간을 자전거를 타고 달려 50여 명을 그리스도께로 인도하였다. 그때 그의 나이는 일흔 세 살이었다.

첫 번째 **발걸음**

오스왈드 스미스
(Oswald j. Smith,
1889-1986)

오스왈드 스미스는 캐나디안 파스피그 열차 지점이 있는 캐나다 몬타리오 엠브로에서 성장하였다. 오스왈드가 16세가 되던 1906년, 토론토 일간지는 찰스 알렉산더와 토레이 박사가 토론토에서 전도 대회를 연다는 소식을 전했다.

토레이 박사의 설교는 한 마디도 빠짐없이 매일 신문에 보도되고 있었는데 3,400여 명의 사람들이 모여든 그 집회에는 더 이상 사람들이 들어가지 못해 그냥 돌아가야만 했다고 전했다. 며칠 동안 집회 소식에 대해 읽은 오스왈드와 그의 동생 에린은 어머니에게 90마일이나 떨어진 토론토 집회에 보내 달라고 간청하였다.

오스왈드의 어머니는 두 아들의 간곡한 청을 들어 주었다. 두 형제는 캐나다의 매서운 겨울 날씨를 통과해야만 하는 열차에 몸을 실었다. 그들은 이모의 집에 머물며 남은 여덟 번의 집회에 참석했다. 오스왈드는 다음과 같이 그때를 회고하였다.

 _하나님의 시간을 살다 간 사람들

마지막 집회를 남겨 둔 이틀 전 우리는 그리스도를 영접할 것을 결심했습니다. 그 집회는 특별히 소년들을 위한 것이었습니다. 3,400여 명이 모인 집회였는데 어머니가 토레이 박사님에게 우리들이 회개하고 그리스도를 영접하도록 특별한 기도를 부탁드렸던 것을 나는 미처 알지 못했습니다. 우리가 일찍 도착하였는데도 강당은 이미 꽉 차 있었습니다. 나는 토레이 박사님의 말을 전부 기억하지 못하지만, 이사야서 53장 5절의 말씀을 계속해서 반복했던 것만 기억합니다.

'그가 찔림은 우리의 허물 때문이요, 그가 상함은 우리의 죄악 때문이라. 그가 징계를 받으므로 우리가 평화를 누리고 그가 채찍에 맞음으로 우리가 나음을 받았다.'

토레이 박사님이 말씀을 마치며 25세 이상의 젊은이에게 그리스도를 영접하도록 권하였습니다. 그러다가 점차 내 나이 또래의 사람들에게 그리스도를 영접하도록 하는 시간이 왔을 때 나는 납처럼 꼼짝도 못했습니다. 마귀의 권세를 몰랐었던 나는 그 이후로 마귀의 권세를 알게 되었습니다. 동생이 나를 흔들어 일으켰고 그제야 정신을 차릴 수가 있었습니다.

나는 자리에서 일어나 진지한 얼굴로 중대한 발걸음을 떼었습니다. 잠시 후 토레이 박사님은 나의 손을 꼭 붙들고 지하실 방으로 데리고 갔습니다. 어떤 사람이 와서 내게 무슨 말인가를 하고 나를 통과했다는 생각이 들었습니다. 순식간에 생긴 이 일을 오늘날까지 무어라 설명할 수가 없습니다. 나는 머리를 숙이고 두 손으로 얼굴을 감쌌는데 그 순간 눈물이 손가락 사이로 흘러내렸습니다. 나는 의자 밑에 쓰러졌고 마음속에 대단한 변화가 일어나고 있다는 사실을 깨달았습니다. 그리스도께서 나에게 들어오셨고 나는 새로운 피조물이 되었습니다.

나는 거듭났습니다. 흥분하지도 않았습니다. 특별한 감정도 아니었습니다. 그러나 무엇인가가 일어났고 그 이후 나는 달라졌습니다. 1906년 1월 28일, 16세의 나에게 일어난 일이 오늘날까지 지속되어 오고 있습니다. 그리고 이 일은 앞으로도 계속될 것입니다. 하나님을 찬양합니다. 영원토록.

오스왈드는 캐나다에서 가장 큰 토론토 피슬스교회를 설립하였다. 사역을 통해 그는 1,200곡의 찬송가 가사를 작사하였다. 그리고 35권의 책을 128개 국어로 출판하였다. 2,300만 달러의 선교헌금을 모았고 수백 명의 선교사들을 도왔다. 토론토를 향한 첫 번째 발걸음부터 시작해서 오스왈드는 80여 년의 생에서 3일 부족한 날을 주님과 동행했다. "긴 여정은 한 걸음부터 시작한다."라는 말이 있다. 그의 사역의 여정은 하나님을 섬기며 사는 것이었다. 하나님은 그가 16세에 회개한 후 그를 강력하게 사용하셨던 것이다.

불행하게도 많은 교회들은 오늘날 회개를 중요하게 생각하지 않는 경향이 있다. 과연 당신은 하나님을 향한 첫 번째 발걸음을 떼고 있는가?

하나님의 시간을 살다 간 사람들

하나님의 선택

조지 화이트필드
(George Whitefield,
1714-1770)

조지 화이트필드가 1740년 어느 주일날 썼던 신앙일기를 들어보자. 당시 그의 나이는 25세였고 필라델피아에서 설교하고 있었다.

제가 기도할 때 몇 사람이 저를 만나기 위하여 찾아왔습니다. 아침 열한 시에 설교를 했는데 수천 명의 사람들이 모여들었습니다. 그 집은 제가 필라델피아를 떠난 후 설교를 듣기 위해 지었던 집이었는데 백 피트 길이에 칠십 피트의 넓이로 지어진 집이었죠. 아침, 저녁으로 하나님의 영광이 그 집에 가득 채워졌고 성도들에게서는 기쁨이 넘쳐나고 있었습니다.

어떤 사람들은 여전히 복음을 받아들이지 않고 비웃기도 했지만, 제 친구들은 예배 가운데 줄곧 무릎을 꿇고 기도했고 하나님을 찬양했습니다. 저는 그들을 바라보는 것이 너무나 즐거웠습니다. 왜냐하면 그들 중에는 전에 하나님을 반대했던 사람들이 끼어 있었기 때문입니다. 저는 그 중 두 사람에 대해 얘기하려고 합니다.

한 사람은 브로크덴이라고 하는 사람입니다. 브로크덴은 재산증서를 기록하는 사람이었는데 그 방면에서는 잘 알려진 사람이었습니다. 그는 여러 해 동안을 악명 높은 무신론자로 살았죠. 젊은 시절 그는 종교적인 이상은 가지고 있었지만 항상 사업적으로 생각하는 습관이 있었습니다. 세상을 너무 사랑하다 보니 하나님의 선하신 교훈을 깨닫지 못했고 하나님을 잃어버렸을 뿐만 아니라 하나님을 의심하기 시작했습니다. 마침내 그는 하나님을 논박하기 시작했고, 무신론자로 자처했습니다.

이번에 제가 필라델피아에 왔을 때 그는 제 설교에 관심조차 갖고 있지 않았습니다. 하지만 그는 절친한 친구에게 억지로 끌려와 나의 설교를 듣게 되었습니다. 그날 밤 저는 코트하우스에서 설교를 하였는데 주님이 니고데모를 맞이했던 그런 분위기였다. 저는 하나님께서 브로크덴의 마음에 감동을 주시기 전에는 많은 말로 설교하지 않았습니다.

그런데 브로크덴이 제 설교를 듣기 위하여 집회에 참석했다는 것을 그의 가족들은 모르고 있었습니다. 그 집회에 참석했던 그의 아내는 집에 돌아 와서 남편에게 제 설교를 같이 듣고 싶었다고 허심탄회하게 말했습니다. 그는 입을 굳게 다문 채 아무 말도 하지 않았습니다. 다른 식구들도 그에게 같은 말을 했습니다. 가족들 모두가 그렇게 말하자 브로크덴은 더 이상 자신의 감정을 숨길 수가 없었습니다. 그는 눈물을 흘리면서 가족들에게 자신도 조지 화이트필드의 설교를 들었다고 말했습니다. 60세가 넘은 나이임에도 불구하고 브로크덴은 이제 하나님 앞에서 다시 태어난 사람이 되었습니다.

또 다른 한 사람은 캡틴 H입니다. 제가 들은 바로 그는 상당히 불량한 사람이었습니다. 그는 대단히 불명예스러운 행동을 하였고 비난받을 행동을 많이 한 사람으로 정평이 나 있었습니다. 하지만 하나님의 은혜로 그는 지금 크리스천이 되었습니다. 변화되었을 뿐만 아니라 새로워졌습니다.

제가 페니텍에서 설교할 때였습니다. 갑자기 하나님의 말씀이 그의 가슴을 관통하는 것 같았습니다. 그는 그 한 번의 설교로 깨졌습니다. 그 후로 그는 하나님의 말씀에 대한 진리를 열망했고 믿음으로 굳건히 섰습니다. 그를 폭행하고 죽이려는 사람들 앞에서도 담대하게 그의 믿음을 보여 주었습니다.

저는 이 사실을 특별히 말하고 싶습니다 왜냐하면 저는 하나님의 영원한 선택과 사랑에 대한 교리에 대해 확증할 만한 증거가 그들이라고 생각했기 때문입니다.

위에서 회개한 두 사람이 하나님을 선택한 것이 아니라 하나님이 그들을 선택했다고 하는 조지 화이트필드의 말에 대해서 당신은 어떻게 생각하는가?

우리의 문화는 우리가 자유 의지를 가지고 있고 우리 운명의 대장이라는 것을 말해주고 있다. 우리가 주인이 된 삶에는 한계가 있다. 하나님의 자녀가 되어 기쁨 속에서 살아가는 그리스도인들의 삶을 살펴보면 그들이 하나님의 공의를 행하면서 하나님을 선택한 것이 아니라 하나님께서 무한한 사랑과 은혜로 그들을 선택하셨다는 것을 인정하며 산다.

2부

어둠을 밝히는 빛된 삶

빌리의 **정직**

김장환
(Billy Kim, 1934-)

어느 한 젊은 한국인이 미국인 아내와 함께 어린 아이를 팔에 안고 샌프란시스코의 공항에 도착하였다. 그는 TWA 항공사 카운터로 다가가서 자신이 17세였던 9년 전 어린아이의 비행기 표 값만을 지불한 적이 있는데 지금 그 차액을 갚기를 원한다고 말했다.

이 이야기를 듣고 어리둥절해진 항공사 직원은 그를 잠시 기다리라고 한 뒤 슈퍼바이저를 불렀다. 얘기를 다 들은 슈퍼바이저는 매니저를 불렀고 매니저는 세인트루이스에 있는 TWA 본부에 전화를 걸었다. 그들은 9년 전 일을 아직도 기억하는 젊은 한국인의 정직한 행동이 믿어지지 않았다. 그 젊은이는 평범한 사람이 아니었다. 한국으로 돌아가는 길이었던 그는 후에 아시아에서 탁월한 기독교의 지도자 중의 한 사람이 될 인물이었다.

한국으로 돌아간 수년 후 그는 서울에서 열렸던 빌리 그래함 목사 전도대회에서 그래함 목사의 설교를 동시통역하였다. 그 집회는 복음을 듣기 위해 백만 명이 넘는 사람들이 모였던 큰 집회였다. 빌리 김, 이 젊은이가 바로 9년 전 17세의 나이에 어린아이의 비행기 표로 여행했던 것을 갚으려 했던 것이다.

그의 아버지는 일찍 세상을 떠났다. 젊은 나이였던 그는 한국 전쟁 중에 학교마저 폭격을 당하는 불운을 겪어야만 했다. 그 뒤 빌리는 미군의 구두 닦는 일과 어지러워진 짐들을 깨끗이 청소하고 음식을 정리하는 하우스키퍼의 일을 하며 미군들과 함께 지냈다.

어느 날 칼 파워스라는 미군 상사가 빌리에게 미국에 가기를 원하느냐고 물었다. 빌리는 결정을 하는데 오랜 시간이 걸리지 않았다. 만일 미국이 그렇게 좋다면 미국으로 가고 싶다고 생각했다. 빌리의 어머니도 눈물을 흘리면서 아들이 미국으로 가는 것을 허락했다.

영어를 읽지 못했던 빌리는 미국에 가기 위해서는 영어를 배워야 할 필요성을 느꼈다. 변변한 영어 교재가 없었으나 빌리가 일하던 미군 막사의 한 병사가 '시어스 로벅' 백화점의 상품 선전 책자를 가지고 있었는데 빌리는 그 책자를 매일 한 장씩 넘기면서 영어공부를 했다.

1951년 크리스마스 때 샌프란시스코에 도착한 빌리는 마치 하늘나라의 문턱에 와 있는 것 같았다. 불빛은 눈이 부셨고 음식들은 풍성했다. 모든 사람들이 충분히 모든 것을 갖추고 있는 것처럼 보였다. 그러나 그의 환상은 일순간에 깨지고 현실로 돌아와야만 했다. 그는 자신의 미국행을 주선한 파월스 씨가 사는 버지니아까지 가야 했지만 샌프란시스코에서 미국 대륙을 횡단하여 버지니아까지 갈 만한 충분한 돈을 갖고 있지 않았다. 게다가 영어가 부족했던 그는 길을 잃을까봐 두려웠고, 버스회사에서는 그에게 표를 팔지 않을지도 몰랐다.

빌리가 곤경에 처한 것을 알게 된 어떤 미국인 친구가 그의 옷에 "이

 하나님의 시간을 살다 간 사람들

소년을 버지니아 주의 덴빌로 보내 주십시오."라는 쪽지를 써서 붙여 주었다. 이렇게 해서 빌리는 TWA에서 어린아이의 비행기 표를 사게 된 것이다. 친구는 만일 누군가가 몇 살이냐고 물으면 영어를 못한다고 말하라고 했다. 빌리는 그가 시키는 대로 했다.

빌리가 배운 미군 병사들의 영어는 제대로 된 영어가 아니었다. 밥 존스 대학에 처음 들어갔을 때 그가 하는 욕설을 듣고 선생님들은 상당한 충격을 받았다고 한다. 빌리는 그런 영어가 미국에서 모든 사람들이 쓰는 영어라고 생각했던 것이다.

빌리는 대학에서 예수님을 만났다. 그리고 주말마다 'Youth for Christ' 모임에 가서 설교하고 자신의 이야기를 간증하기 시작했다. 한때 구두닦이 소년이었던 그가 오늘날 한국의 극동방송 사장이며 수원중앙침례교회를 창립하여 만 명이 넘는 큰 교회로 성장시켰다. 또한 침례교세계연맹의 총재를 지내기도 했다.

그에게 많은 유혹이 있었다. 그중 정치 활동을 하라는 것이 가장 강력했는데, 그는 단숨에 거절했다. 그러나 그는 대통령과 친구가 되었고, 전 세계의 유능한 인재들과 친분을 쌓아갔다.

그의 놀라운 특징 중 하나는 결코 자신의 친구들을 잊지 않는다는 것이다. 그는 유명해졌지만 여전히 빌리 김으로 있다.

한국으로 돌아가는 길에서 이 젊은이의 정직성을 인정한 TWA 항공사는 이렇게 대답했다.

"차액을 갚지 않아도 됩니다. 당신의 정직성을 높이 받아들여 좋은 일에 기부한 것으로 하겠습니다."

하나님께서는 지도자를 선택하실 때 가족관계, 교육, 개인적인 카리스마 등을 따지지 않는다. 중요한 것은 그 사람이 하나님 말씀에 얼마

나 순종하는가이다. 빌리 김은 예수 그리스도를 발견하자 하나님의 말
씀을 그의 삶에 적용하기 시작했다. 빌리는 무엇이든 하나님의 시각에
서 생각했다. 그는 늘 스스로 노력하여 얻지 않은 것은 옳지 않으며 그
가 잘못 행한 것에 대한 보상을 해야 한다고 생각했다.

남에게 들키지 않고 적당히 어떤 일을 넘어가는 것이 하나님을 기쁘
게 하는 것인지 우리는 항상 스스로에게 물어야 한다.

선한 행실

한스 에게대
(Hans Egede)

한스 에게대는 1686년 북동쪽 노르웨이에서 태어났다. 그는 노르웨이 베간이라는 곳에서 루터교 목사로 사역하면서 에게대는 그린랜드에 있는 옛 노르웨이 기독교인 정착자들에 대한 연구를 시작하였다.

중세시대 한 감독이 노르웨이인 정착자들을 그 곳에 보냈고 그들은 1410년 이래 유럽과 어떤 접촉도 없었다. 에게대는 만약 그 정착민들이 예수 그리스도를 믿지 않고 있다면 그들과 접촉하여 그들에게 복음을 전해야겠다는 생각에 골몰했다. 그리고 정착민들과 그 섬에 살고 있을지도 모르는 모든 사람들에게 복음을 전해야 하는 것이 노르웨이와 덴마크의 의무라고 느꼈다.

그는 덴마크의 왕과 감독들에게 그린랜드에 복음을 전해야 한다고 했으나 그들은 전혀 관심을 갖지 않았다. 에게대가 식민지를 만들거나 교역소를 만드는 일 또는 그린랜드의 자연자원 발굴 조사 등 상업적인 목적으로 계획을 바꾸었을 때에야 비로소 그들은 협력하기 시작했다. 결국 그는 상업적인 것과 선교적인 일들을 지원할 수 있는 단체를 창설하는 데 성공했다. 1721년 5월 3일, 그는 아내와 두 아들을 데리고 그린 랜드를 향해 떠났다.

그린랜드에 도착하자마자 에게대는 '노스'라는 마을이 없음을 알고 놀랐다. 수세기 동안 유럽 사람들은 살고 있지 않았으며 섬에는 오로지 에스키모인들 만이 살고 있었다. 비록 놀라기는 했지만 그는 선교 사역 을 실행하고자 하였다. 그래서 에스키모인들의 문화와 언어를 배우려 고 노력하면서 그들에게 복음을 전하기 시작했다.

처음에 그의 사역은 제한적이었다. 그러나 케타브라고 하는 식민지 마을을 발견하면서 선교에 대한 전망을 낙관할 수 있었다. 게타브라는 말은 '선한 소망'이라는 뜻이다. 게타브는 오늘날 누크의 수도로서 알 려져 있다.

1733년 천연두가 그 섬에 있는 수천의 에스키모인들을 죽음으로 몰 고 갔을 때 복음의 역사가 일어났다. 에게대와 그의 가족은 헌신적으로 병자들을 보살펴 주고 죽은 사람들을 묻어 주었다. 이러한 모습들을 보 며 에스키모 인들은 심각한 충격과 감동을 받았고 에게대가 전하는 말 들을 진지하게 받아들이기 시작했다. 그리고 많은 사람들이 그리스도 께로 돌아왔다.

이러한 어려운 시기를 통해서 에게대는 에스키모 언어를 배울 수 있 는 기회를 가졌다. 그리스도께 많은 영혼들을 인도하고 설교하였던 그 의 아들 폴은 어려서부터 에스키모인들과 더불어 자라면서 마음대로 에스키모 언어를 구사할 수 있었다.

그의 아버지가 그린랜드를 떠났을 때 폴은 그 곳에 선교사로 남았다. 에게대의 다른 아들과 사위인 닐스, 그리고 두 조카도 그린랜드의 선교 사가 되었다. 한스 에게대는 1736년 덴마크로 돌아와서 그린랜드 선교사를 위한 학교를 세웠다. 그는 그린랜드 언어와 지리, 풍속, 역사에 대한 지리학 책을 썼다. 폴의 도움으로 그는 신약성경을 에스키모 언어로 번역하였고 에스키모 문법과 사전과 교리문답을 썼다. 1733년 그린랜드에 모라비안 선교사들이 도착했다 그들은 에게대와 그의 가족이 개척해 놓은 사역을 계속할 수 있었다.

한스 에게대와 그의 가족과 후에 일을 한 모라비안 선교사들의 덕택으로 그린랜드에 사는 에스키모인들은 그리스도 교회의 일원이 되었다. 한스 에게대의 사역은 빨리 열매를 맺지 못했다. 그러나 하나님께서 그린랜드 사람들에게 역사하시기를 믿었고 그렇게 되었다. 그가 에스키모 말을 들을 수 있었던 것은 단어를 얻어서가 아니라 그의 헌신적인 노력 때문이었다.

한스 에게대로부터 당신의 생활에 적용할 수 있는 교훈은 무엇인가? 우리가 하나님의 부르심에 헌신하면 위대한 일이 일어난다.

무엇에 **감사합니까?**

로버트는 유능한 기계 기술자였다. 그의 회사 장
비들은 방대한 고속도로 시스템과 헤아릴 수 없이 많은 공단 건설에 사
용되었다. 게다가 로버트는 가장 앞서가는 기독교인이었다. 그는 벌어
들인 것의 거의 90퍼센트를 하나님 앞에 드렸고, 주님 앞에서 행해야
할 자기의 책임을 알고 있었다. 그는 페루, 서아프리카, 라이베리아의
선교 개발 계획에 수백만 달러를 기부하였다. 이 기부금은 수천의 사람
들에게 복음을 전하고 교육과 의학적인 도움을 주게 되었다.

로버트의 인생 좌우명은 "내가 많은 것을 하나님께 드린 것이 아니
라 하나님의 많은 돈을 내가 보관하고 있는 것이다."였다. 그는 오랜 기
간 동안 미국을 횡단하고 세계 여러 곳을 다니며 그리스도를 섬기는 즐
거움에 대한 간증을 했으며, 그때마다 이런 이야기를 했다.

"나는 하나님의 축복을 받은 기술자에 불과합니다. 다니면서 하나님
이 얼마나 여러분을 축복하실 것인지를 말하라고 나에게 바라시는 것
같습니다."

여러분은 축복의 선물을 주신 분께 감사하고 경배하는가, 아니면 축

복의 선물에만 감사하고 기뻐하는가? 오늘 기도할 때 당신에게 삶을 즐기라고 재물을 주시고 일을 주신 생명의 주님께 감사의 기도를 올려야 한다.

그리스도와 함께 죽음

로버트 그린 리는 1886년 사우스캐롤라이나에서
태어났다. 그의 부모는 가난했지만 신앙이 깊은 사람들이었다. 그는 어
린 나이에 하나님의 부르심을 받고 많은 어려움이 있었지만 주님을 따
라 나섰다. 그는 1910년 어린 나이에 목사안수를 받고, 1919년에는 국
제법을 연구하여 박사학위를 받았다. 리 박사는 60년 동안 목회를 한
전설적인 인물로, 8,000번 이상의 설교를 하였다. "언젠가는 갚으리라
(Payday Someday)"는 유명한 역사적인 메시지의 설교를 무려 1,251번
이나 했다.

그가 1927년부터 1960년까지 멤피스에 있는 벨레뷰침례교회에서
목회하는 동안 2만 4,000명의 사람들이 그의 교회에 출석했다. 그는 50
여 권의 설교집을 썼고, 남침례교회 총회장을 여러 차례 지냈다. 리 박
사는 92세의 나이에 하나님의 품에 안겼다.

한 번은 이스라엘을 여행하는 동안 리 박사는 많은 사람들이 그리스
도 예수께서 십자가에 못 박히신 곳이라고 믿는 그곳을 방문하게 되었
다. 그는 아랍인 안내자에게 꼭대기로 안내해 줄 것을 부탁했지만 안내

자는 가지 말라고 했다.

그러나 리 박사는 간절히 요청했고 결국 그 안내자는 리 박사를 꼭대기로 안내했다. 산꼭대기에 이른 리 박사는 모자를 벗고 머리를 숙인 채 깊은 감동에 빠졌다. 안내자는 이상하다는 생각이 들어 이렇게 물었다.

"전에 이곳에 와 보신 적이 있습니까?"

그러자 리 박사는 이렇게 대답했습니다.

"2천 년 전에 이곳에 왔었습니다."

우리는 주님과 함께 2,000년 전에 죽었고 부활하였기에 오늘 우리 안에 그리스도께서 그 분이 살고 계신다. 오늘 주님의 죽음이 당신에게 새 생명을 주셨다는 것에 대하여 감사의 기도를 올려야 하지 않을까?

성령 안에서 행함

3세기경 부요한 가정에서 생활하던 젊은이가 마태복음의 말씀을 들었다. 그는 마태복음 19장 21절의 말씀을 있는 그대로 믿었다.

"예수께서 이르시되 네가 온전하고자 할진대 가서 네 소유를 팔아 가난한 자에게 주라. 그리하면 하늘에서 보화가 네게 있으리라. 그리고 와서 나를 따르라 하시니"

20살의 안토니는 그가 가지고 있던 모든 것을 사람들에게 나누어 주었다. 그리고 35년 동안 이집트의 사막에서 은둔자로 살았다. 안토니는 그런 고독하고 아무도 없는 곳에 살면서도 끊임없이 죄의 유혹을 받았다. 아타나시우스에 의해 쓰여진 『안토니의 삶』이라는 소책자에는 이런 구절이 있다.

"그는 외적인 환경으로 인하여 죄를 짓는 것이 아니라 내적인 심령 안에서 죄를 지으려고 한다는 사실을 알게 되었다."

그는 죄의 본성과 싸우기 위해서는 성경을 읽고 하나님을 온전히 신뢰해야 한다는 것을 알게 되었다. 안토니는 사람들이 그를 찾아왔을 때 그의 은둔생활을 그만두고 어떻게 하면 경건한 삶을 살 수 있는가에 대하여 생각했다. 그리고 그는 기도의 유익함을 알게 되었고 명상하는 것과 금식에 대하여 사람들에게 가르쳤다. 그는 하나님의 말씀이 전해지지 않는 곳에 찾아가서 말씀을 전하였다.

45년간 그는 많은 사람들에게 영적인 삶에 대하여 전하고 함께 진정한 의미를 나누었다. 그는 그리스도의 사랑을 절실하게 필요로 하는 사람들로부터 단절되지 않고 성령 안에서 삶을 살아가는 것이 무엇인지를 깨달았다.

우리는 그리스도께 우리의 시선을 고정하지 않고는 죄의 본성을 피할 수 없다. 당신은 내적인 깊은 죄를 멀리하기 위하여 외적인 방패막이를 세우고 있는가? 오늘 우리가 성령 안에서 행할 때 죄가 십자가에 못 박힌다는 것에 대하여 그리스도께 감사해야 한다.

건축의 대가

미켈란젤로 부오나
로티(Michelangelo di
Lodovico Buonarro
ti Simoni, 1475~1564)

미켈란젤로 부오나로티의 마지막 주요 작품은 바티칸의 '성 베드로의 바실리카'이다. 미켈란젤로는 프로렌디아 귀족의 집안에서 태어났다. 그는 한때 인권탄압에 대항하는 저항단체에서 활동하기도 했다. 그는 늘 이런 말을 하곤 했다.

"나는 영주의 탄압 아래에서 살 수 없다. 나 홀로 그림을 그리겠다."

미켈란젤로가 성 베드로 성당에서 작업을 했을 때 많은 사람들로부터 비난을 받았다. 사람들은 그 건물이 지어져 가는 것이 마음에 들지 않는다고 말했으나 이 위대한 예술가는 이렇게 말했다.

"나의 계획과 생각들을 당신들에게 분명히 알려줄 수도 있지만 그보다 나는 여러분에게 나를 돕는데 최선을 다 해달라는 부탁을 할 뿐입니다. 여러분은 나의 작품이 완성될 때 나의 생각을 보다 잘 이해하게 될 것입니다."

미켈란젤로의 작품을 비난하는 사람들은 그것에 대한 무지에서 나오는 것이었다. 그들은 그 예술가의 마음을 이해하지 못했기 때문에 그의 원대한 디자인을 보지 못했다.

우리는 어려운 일을 겪을 때 "주님은 지금 무엇을 하고 계시는가?"
라며 놀라고 당황해 한다. 그러나 마음을 잡아라. 건축의 대가이신 하
나님께서는 모든 일을 완벽하게 알고 계신다. 그분은 당신이 생각하는
것보다 더욱더 아름답게 모든 일을 창조하고 계신다. 지금 당장 그리스
도에게 관심을 가져라. 그리고 당신에 대한 하나님의 작품 속에서 협력
하도록 결심해라.

밥 존스 시니어는 이렇게 말했다.

"사람들은 지식을 얻을 수는 있다. 그러나 지혜는 하나님께로부터
직접 오는 선물이다."

용서는 하나님의 선물

웨인 메스커는 미국 중서부지역에서 그의 이름을
모르는 사람이 없을 정도로 많은 사람들에게 알려진 유명한 스포츠 해
설가이다. 그의 부드러운 바리톤 목소리는 매년 위글리 야구장에 모여
든 사람들을 즐겁게 해 주었으며 웨인은 시카코컵스의 야구장 아나운
서로 일하고 있었다.

웨인은 시카고 화이트 삭스의 야구팀과 시카고 블랙혹스 하키 팀을
위해 시합 전 국가를 부르도록 선임되었다. 웨인이 미국 국가를 부를
때는 듣는 이들의 마음에 절실히 와 닿았고 그 곳에 모인 야구 펜들의
눈에 눈물을 고이게 만들었다.

그리고 그가 기자석이나 경기장에 없을 때는 누군가에게 용기를 주
는 말을 하며 포디움에 있었다. 이 거듭난 그리스도인인 웨인은 그의
목소리로 생활을 하고 있다고 해도 과언이 아닐 것이다.

1994년, 웨인의 특별한 직업 때문에 일어난 사건으로 인해 그는 큰
어려움을 겪어야 했다. 하키 팀의 게임이 끝난 후 친구와 식당에서 식
사를 마치고 그의 차로 돌아가던 웨인은 갑자기 십대의 청소년들이 정

면에서 쏜 총을 맞고 쓰러졌다. 그의 상처는 치명적인 것이어서 수술을 한 그의 의사들은 그가 살 가망이 있을지를 예측할 수 없었다. 총탄이 그의 목을 관통하였기 때문에 그가 회복된다고 해도 다시 노래를 부를 수 있을지도 의문이었다. 그 후 웨인의 가족과 친구들 그리고 교우들의 간절한 기도로 시카고 사람들은 그에게 일어난 기적을 목격하게 되었다.

6개월 후 웨인은 시카고 팬들 앞에서 다시 미국 국가를 부르게 되었다. 그가 미국 국가를 부르던 그 순간은 그의 생명을 구한 10시간 동안의 수술로 인해 일어난 기적을 나타내기에 충분한 것이었다.

어떤 감지하기 어려운 것이 웨인의 심장 속에서 계속 진행되어 가고 있었다. 육체의 회복보다 특별한 감성적인 회복 말이다. 마치 코리텐 붐처럼 웨인은 자신을 향하여 총을 쏜 그들에 대하여 분노를 느끼며 많은 갈등을 했었다. 그리스도를 믿는 믿음으로 그는 온전한 심령의 치료가 필요했으며 자신에게 총을 쏜 십대 청소년들을 용서할 수 있도록 주님께 의지하는 것이 필요했다. 그는 저서 『승리의 목소리』에서 이렇게 기록하고 있다.

"나의 좌절에도 불구하고 내가 그들을 용서해야 한다는 것을 정직하게 말하는 단계에까지 도달할 수 있었습니다. 나는 그렇게 하기 위해 기도하고 말씀을 명상하며 나 자신을 용서하지 못하고 그 사건 자체에 묶여 있던 사실에서 자유롭게 되었습니다."

그 범죄 청소년 중 한 소년—제임스 햄톤—은 유죄 답변 흥정으로 재판 과정에서 풀려나올 수 있었지만 다시 감금되고 말았다. 웨인은 255마일 떨어진 게일스버그 교도소까지 운전하여 찾아가 어린 제임스 햄톤을 만났다. 웨인은 살인자가 될 수도 있었던 소년을 용서한다고 말했다.

몇 년이 지난 후 웨인은 성인이 된 제임스 햄톤을 다시 찾아갔다. 웨인은 햄톤이 어떻게 지내는지 궁금해서 찾아왔다는 말을 할 수 있을 정도의 은혜와 능력이 가슴에서 솟아나는 것을 느꼈다.

두 시간 동안 벅찬 만남을 가진 후 떠나기 전 축복의 말과 함께 웨인은 그를 힘껏 안아 주었다. 그리스도의 강권하시는 사랑이 다시 한 번 역사하는 순간이었다. 분노와 성냄은 상처와 모욕에 대한 자연스러운 반응이다. 그러나 하나님은 우리에게 세상 사람들과 다르게 살도록 부르셨고 용서하며 살도록 가르치셨다. 십자가상에서 예수님은 이렇게 기도하셨다.

"아버지여! 저들을 용서하여 주시옵소서. 자기들이 하는 것을 알지 못합니다."

용서는 자연적인 것이 아니다. 그것은 초자연적인 것이며 하나님의 선물이다. 웨인은 그 사실을 깨닫게 된 것이다.

당신이 아직도 가지고 있는 마음의 상처는 무엇인가? 당신이 용서해야 할 사람은 누구인가?

찾는 자가 **발견한다**

"너희가 온 마음으로 나를 구하면 나를 찾을 것이요 나를 만나리라"(렘 29:13)

파스칼
(Blaise Pascal,
1623–1662)

파스칼은 서구세계에서 가장 지성적인 인물로 알려진 사람 중에 한 사람이다. 1623년 프랑스 중부지방의 상류층 가정에서 태어난 그는 배움에 항상 목말라했다. 그의 아버지 에티네는 변호사였고 판사였으며, 세금 관원직을 지냈고, 어학을 공부하는 것을 좋아했다. 특히 수학을 좋아했다. 파스칼의 아버지는 자녀교육에 상당히 열정적이었다. 파스칼이 세 살 때 어머니가 세상을 떠났고, 4년 후 아버지는 가족을 이끌고 파리로 이사했다. 그곳에서 그는 홈 스쿨(집에서 학교과정을 가르치는 제도)을 통해 자녀들을 공부시켰다. 그는 어학부터 가르쳤는데 어학을 유창하게 구사하기 전에는 기하학 공부를 못하게 했다. 그것이 최상의 방법이라고 생각했다. 그래서인지 파스칼을 비롯한 형제들은 수학의 매력에 빠져들지 못했다.

조숙했던 파스칼은 12세 때 독학으로 기하학을 공부했고, 16세 때는 수학자들의 관심이 되는 문제에 대하여 매력을 느꼈다. 특히 원형기하학을 책으로 쓴 데카르트에 대하여 관심을 가졌다. 19세 때 그는 문제를 풀 수 있는 것을 발견하여 계산기를 처음 발명하였고, 이 수학적 원리는 현대에도 사용되고 있다. 파스칼은 확률이론의 원리를 만들어 내었다. 물리학 분야에서 그는 '파스칼의 법칙'으로 알려진 원리를 발견하였고 이것은 현대 수리학의 기초가 되었다.

파스칼은 과학에 흥미를 가졌던 것처럼 영적인 문제에도 관심을 가졌다. 그의 아버지가 늘 관찰과 발견을 통해 배우라는 용기를 주었기 때문에 파스칼의 많은 호기심이 과학적 자료에 관하여 깊은 연구를 하게 된 것과 마찬가지로 성경을 깊이 연구하였다. 자신의 힘으로 기하학을 공부했던 것처럼 믿음의 영적인 여정도 스스로 찾았다. 그는 그리스도를 믿게 되었던 날 밤 다음과 같은 글을 썼다.

> "아브라함의 하나님, 이삭의 하나님, 야곱의 하나님은 학자나 철학자의 하나님이 아니다. 그분은 복음서에서 가르쳐 준 방법대로 발견할 수 있다. 그분으로부터 영원히 분리시키지 말라. 이것은 영원한 생명이다. 유일하시고 참되신 하나님 예수 그리스도를 보내신 분이다. 나를 그분에게서 분리시키지 말라. 우리는 그분을 복음서에서 가르치신 대로만 함께할 수 있다."

파스칼이 죽은 며칠 후 하인이 파스칼의 웃옷 안감 속에서 두툼한 뭉치를 발견했고 안감의 실을 풀었을 때 파스칼이 써 놓은 두 장의 종이가 들어 있었다. 1654년 11월 23일 날짜가 적힌 그 종이에는 그 날 밤 파스칼이 강렬하게 체험한 것을 기록한 것이었다. 그가 죽기까지 8년 동안 입고 다니던 코트 속의 안감을 뜯어서 기록한 종이를 집어넣고 다시 조심스럽게 바느질로 꿰매어 간직했을 만큼 그 두 장의 체험간증은 파스칼에게 분명히 중요한 것이었다. 파스칼이 죽기 전에 썼던 기독교 믿음의 고전 변증서는 그가 죽은 후 '팡세' 라는 제목으로 출판이 되었다.

우리는 다른 사람의 회심에 대해 읽을 떠 그런 회심은 늘 있는 것이라고 생각하기 쉽다. 그러나 사람들마다 각각 믿음의 여정이 특이하다는 것을 기억해야 된다. 파스칼은 자신에게 가장 걸맞은 방법으로 하나님을 알게 되었다. 파스칼이 스스로 하나님을 찾았기 때문에 하나님을 발견할 수 있었다. 마찬가지로 하나님은 파스칼을 찾으시고 그를 발견하셨다.

당신은 하나님을 찾고 있는가?

성실의 열매

찰스 하지는 1797년 12월 27일 미국 필라델피아
에서 태어났다. 찰스는 세상에 태어난 지 얼마 되지 않아아버지가 돌아
가셔서 어머니의 손에서 자라났다. 1812년 재능 있는 학생이었던 하지
는 14세의 나이에 프린스턴대학교인 뉴저지대학에 입학하였다. 3학년
때 그는 참석한 학생 반 이상이 그 부흥회 기간에 그리스도께 헌신하기
로 결심했던 교내 부흥회에서 공적으로 그리스도에 대한 믿음을 고백
하였다.

프린스턴대학에 입학한 후 그는 뛰어난 학업성적을 유지했고 22세
에 대학을 졸업하였다. 졸업한 지 일 년 후 그는 성서언어를 가르치는
교수가 되었고 신학교 세 번째 교수가 되었다. 하지는 50년 넘게 프린
스턴에서 가르쳤고 미국을 인도하는 19세기 개혁신학자가 되었다. 그
의 저서인 『조직신학』이란 3권의 책은 오늘날까지도 읽혀지고 있다.

1872년 4월 24일 하지가 50년 동안 프린스턴에서 가르친 것을 기념
하는 특별한 기념식이 거행되었다. 그 마을의 가장 훌륭한 시민의 명예
를 인정하기 위해 그날 상점들은 문을 닫았고 근처에 사는 사람들이 제

일장로교회로 모였다. 찰스의 아내 메리, 그리고 여덟 명의 자녀와 많은 손녀 손자들이 참석했다. 또한 신학교 졸업생 4백여 명이 참석하였는데 이 숫자는 전체 졸업생의 15퍼센트였다. 다른 대학의 총장들과 교수들, 신학교 교수들, 그리고 다른 교단의 간부들도 참석하였다. 그날 핸리 보드맨은 신학교 이사진을 대표하여 연설을 하였다. 이 연설은 하지를 향한 것이었다.

> "국가의 영웅을 칭송하는 것은 보통 있는 일입니다. 그러나 단순히 하나님 말씀과 하나님의 진리를 전하는 소박한 선생에게 거침없는 존경을 표하게 되었습니다. 존경하며 사랑하는 형제여, 하나님이 당신에게 임하시길 바랍니다. 50년 동안 당신은 죄인들에게 하나님의 은혜의 영광스러운 복음을 전파하기 위하여 학생들을 훈련시켰습니다. 선생 중에 선생님! 당신의 학생들은 수많은 대학, 신학교 그리고 국내 국외의 교수로 일하고 있습니다. 당신은 학생들을 통하여 그리스도의 사역자들을 교육하는데 도움을 주고 있습니다. 그들 중에는 이방 땅에서 기독교의 기초를 놓는데 적지 않은 수가 일하고 있습니다."

그 동안 찰스 하지는 개인적으로 이천 칠백여 명의 학생들을 가르쳤다. 당시 미국의 어느 신학교도 그만한 학생들이 등록하지 않았다. 그의 연설 가운데 보드맨은 말을 이었다.

"하지 교수님의 큰마음으로 인하여 그를 사랑하고 하나님이 그에게 주신 은사를 존중하는 전 세계에 흩어져 있는 많은 사람들이 있다."

기념식이 진행되는 동안 75세의 하지는 청중이 보이지 않는 강단 뒤쪽으로 떨어져 있는 소파 위에 앉아 있었다. 15명의 찬사가 끝난 후 감정이 복받쳐 오는 것을 누르며 그는 감사의 뜻을 전하려 강단에 올랐다.

"여러분의 사랑, 믿어주는 마음, 사랑을 감사합니다. 저는 아무 것도 아닙니다. 저는 능력도 없습니다. 눈물어린 감사로 큰 절을 할 수밖에 없습니다. 하나님께서 여러분을 축복해 주시길 원합니다. 그리고 여러분의 선한 일에 수백 배로 갚아 주실 것입니다."

하지는 그의 일기에 이렇게 그 날을 기록하여 정리하였다.

"4월 24일, 믿음의 일치, 같은 복음에 대한 사랑, 우리 주 예수 그리스도와 하나님이 함께 하는 인상적이고 가장 감동적인 날이었다."

우리가 찰스 하지와 같이 타고난 교수는 아닐지라도 하나님은 우리가 우리 주변에 살고 있는 사람들에게 영향을 주도록 인도하신다. 하나님은 수천의 학생들을 하지의 생애 속에 보내셨다. 그분은 당신의 삶 속에 하나 혹은 두 사람을 훈련시키도록 보내실 지도 모른다. 중요한 것은 숫자가 아니다. 당신 자신이 투자해야 하는 것은 성실성이다.

월드비전의 탄생

제 1차 세계대전이 수그러들자 밥 피어스 박사는
티베트 국경 근처에 있던 독일 여성이 운영하는 기독교 학교와 고아원
을 방문했다. 그곳에 도착한 피어스는 어린소녀가 차가운 돌계단에 움
츠리고 앉아 있는 것을 보았다. 10세가 채 되지 않은 듯 보이는 이 소녀
는 눈에 띠게 영양실조에 걸려 있었고 그 추운 겨울에 옷도 변변히 입
고 있지 못했다.

얼굴이 작고 까만 눈을 가진 이 소녀의 핏기 없는 얼굴은 그동안 얼
마나 고통스러운 시간을 보냈는지를 말해 주고 있었다. 피어스 박사는
이 아이에게 관심을 갖고 독일 자매 중 한 사람에게 이 아이에 대해 물
었다. 그녀는 말했다.

"그 아이를 말씀하시는군요. 그 아이는 매일같이 그 계단에 나와 앉
아 있어요. 그 아이는 학교를 다니기를 원하지만 우리는 더 이상 아이
들을 받아들일 수 없답니다."

그 대답은 피어스 박사를 만족시키지 못했다.

"아니, 한 아이가 교실에 더 들어간다고 교실이 좁아집니까? 만일 그 아이가 오는 것이 힘들면 그 아이를 위해서 그만큼 공간을 만들면 되지 않겠습니까?"

그 여자는 피어스를 쳐다보며 말했다.

"우리는 매번 하나만 더 하나만 더 하면서 사람들을 받아들였습니다. 우리가 돌볼 수 있는 아이들의 네 배를 넘게 받아들였단 말입니다. 우리는 음식도 부족합니다. 심지어 내가 먹을 음식으로 세 아이를 먹이고 있습니다. 다른 자매들도 마찬가지입니다. 만약 우리가 적정선을 긋지 않는다면 지금 우리가 데리고 있는 아이들까지 돌볼 수 없을 것입니다. 그래서 우리는 더 이상 아이들을 받지 말자고 한 것입니다."

이러한 자매의 현실은 피어스의 마음을 몹시 아프게 했다.

"이건 말도 안 돼. 한 아이가 도움을 청하는 데 문전박대를 당해야 하다니. 이 아이를 왜 받아들일 수 없단 말인가?"

더 이상의 아무 말도 하지 않은 채 자매는 아이에게로 다가가 아이를 들어 안았습니다. 그리고 피어스에게 그 아이를 넘겨주면서 물었다.

"이 아이를 어떻게 하시겠습니까?"

이렇게 해서 월드비전이 생겨나게 된 것이다. 이 단체는 수천수만의 소년 소녀들에게 먹을 것과 입을 것을 도와주는 단체이다. 피어스 박사는 여러분이 했어야 할 일을 당연히 대신한 것이라고 말한다. 그는 자신의 주머니를 털어서 그 어린 소녀가 쌀을 살 수 있는 충분한 돈을 주었다.

이처럼 밥 피어스는 가슴이 따뜻한 사람이었다. 그의 열정은 수천수만의 사람들을 감동시켰다. 밥 피어스 박사는 헤럴드 살라라는 사람과 저녁예배 후 또 다른 친구 한 사람과 함께 커피점에 앉아 이야기를 하고 있었다.

 하나님의 시간을 살다 간 사람들

거기서 피어스 박사는 한국 전쟁에서 고아들이 고통당하는 것에 대해 말했고 그곳에 모였던 사람들을 감동시켰다. 헤럴드 박사는 아시아에서 살아 본 경험이 있었고 그곳에서 가난과 질병과 무지함을 보았던 사람이다. 한 자매의 질문이 월드비전이라는 위대한 기구를 창설시켜 놓았던 것이다.

"당신은 이 아이를, 아니 이 문제를 어떻게 하시겠습니까?"

당신이 이 세상 사람들이 필요한 것이 무엇인지를 생각할 때 마음이 압도될 것이다. 그러나 당신이 문 밖에 있는 사람을 생각하고 '내가 무엇을 해야 할까?' 라는 질문을 할 때마다 한 발 뒤로 물러서고 있는 당신을 발견하게 될 것이다. 곤경에 처한 사람이 왔을 때 모든 사람들은 스스로에게 다음과 같은 질문을 한다.

"어떻게 해야 하지?"

우리의 관심과 사랑이 필요한 문제들에 대해 적극적으로 동참하지 못하는 것은 당신이 모든 것을 할 수 없기 대문이 아니라 당신이 할 수 있는 것을 게을리 하고 있기 때문이다. 하나님의 작은 일을 할 때 작은 일이 많아진다는 것을 기억하라. 그리고 '내가 무엇을 할 수 있습니까?' 라는 질문을 피하도록 스스로에게 계속해서 다짐해야 한다. 예수님께서는 종 됨의 본보기를 우리에게 보여 주시며 말씀하셨다.

"너희가 이것을 알고 행하면 복이 있으리라."

선하시고 선한 일을 행하심

"여호와의 진노는 그의 마음의 뜻한 바를 행하여 이루기까지는
돌이키지 아니하나니 너희가 끝 날에 그것을 깨달으리라"
(렘 30:24)

조지 뮬러
(Geohe Muller
1805-1898)

조지 뮬러는 플리머스 형제운동의 지도자였으며
믿음 선교단체의 주창자이다. 그는 1800년도에 영
국에서 고아원을 설립했다. 큰 믿음과 경건한 기도
생활로 정평이 나 있던 그는 결코 자금을 구걸한 적이 없다. 밀러는 오
직 그의 선교사역과 고아원의 자금을 기도에만 의존했다. 그는 월급을
받지 않았으며 그의 필요를 오직 하나님께 의지했다.

그의 기도는 늘 응답을 받았으며 하나님께서 고아원의 필요와 그의
선교단체의 필요를 채워주셨다. 조지 뮬러는 1870년 2월 6일, 사랑하
는 아내 메리가 류머티즘 열로 죽었을 때 심각한 시련을 겪었다. 삼 년
간 병으로 고생했던 그녀는 몸이 몹시 연약해진 상태였고, 류머티즘 열
이 그녀를 극도로 괴롭혔다. 결국 그녀는 6일간의 심한 고통을 겪다가
세상을 떠났다.

뮬러는 그의 일기에 다음과 같이 기록하고 있다.

39년 4개월 전, 주님은 내게 가장 귀하고 사랑스럽고 경건한

아내를 주셨습니다. 그녀는 나에게 대단히 귀중했고 하나님이
나에게 그녀를 준 것은 축복이었습니다. 이것은 말로 표현할
수가 없습니다. 이 축복은 오늘날까지 내게 계속되어졌습니
다. 오늘 오후 4시경에 주님은 그녀를 더리고 가셨습니다.

2월 11일.

그는 또한 일기에 이렇게 쓰고 있다.

"오늘 나의 사랑하는 아내를 이 지상의 무덤 속에 묻었습니다.
수많은 사람들이 깊은 슬픔을 보여 주었습니다. 1,400명의 고
아들이 장례식 행렬을 따라왔습니다. 주님이 지금까지 나를
붙드셨기에 장례예배나 하관예배를 인도할 수가 있었습니다."

그는 시편 119편 68절을 장례식 설교의 본문으로 택했다. 그의 설교
에는 세 가지의 하나님 말씀이 담겨 있다.

"첫째, 주님은 선하시고 선한 일을 행하신다. 그러므로 그녀를 나에
게 주셨다. 둘째, 주님은 선하시고 선한 일을 행하신다. 그녀가 나를 떠
났을지라도. 세 번째, 주님은 선하시고 선한 일을 행하신다. 그녀를 나
에게서 빼앗아 간다 할지라도."

이 세 가지 얘기를 하면서 그는 그녀가 병중에 있을 동안 어떻게 기
도했는가를 말했다.

"나의 아버지, 나의 사랑하는 아내의 시간은 당신 손 안에 있습니다.
당신의 뜻은 그녀와 나에게 있어서 최상의 것입니다. 그녀가 살든지 죽
든지 말입니다. 만약에 하나님의 뜻이라면 나의 사랑하는 아내를 다시

일으켜 세우시고 또 당신은 그렇게 하실 수 있습니다. 비록 그녀가 아
플지라도 당신은 나를 다스리실 수가 있습니다. 제가 하나님의 거룩한
뜻에 계속 만족할 수 있도록 도와주시옵소서."

뮬러는 하나님이 그의 기도에 응답했다고 느꼈다. 어떻게 하나님이
메리를 처리하시든 어떻게 뮬러의 심령을 다스리든 간에 하나님이 그
의 기도에 응답하셨다는 것을 느꼈다.

"그녀를 잃은 슬픔이 얼마나 컸던가를 나는 매일 고아들에게서 봅니
다. 나의 깊은 영혼 속에 사랑하는 아내가 누렸던 기쁨으로 충만합니
다. 그녀의 행복이 나에게 기쁨을 가져다주었습니다. 나의 사랑하는 딸
과 나는 그녀를 다시 만질 수 없습니다. 하나님이 이 모든 일을 행하셨
습니다. 우리는 하나님으로 만족합니다. 남편으로서 나는 사랑스럽고
늘 도움을 주던 아내가 없다는 것을 매일 느끼게 됩니다. 고아원 원장
으로서 나는 여러 가지로 그녀가 없어서 힘듭니다. 그리고 앞으로 더욱
더 힘들 것입니다. 그러나 하나님의 자녀로서 주 예수 그리스도의 종으
로서 나는 경배합니다. 나는 하늘에 계신 아버지의 뜻에 만족합니다.
나는 그를 영화롭게 하기 위하여 하나님의 거룩한 뜻에 온전하게 순종
하려고 합니다. 나는 나를 괴롭혔던 그 손길에 계속하여 입 맞출 것입
니다. 나는 그녀를 다시 만날 수 있을 것이라고 말할 수 있습니다. 그리
고 영원히 그녀와 함께 시간을 보낼 것입니다.."

그의 가까운 친구는 장례식이 끝난 후 뮬러가 테이블에 앉아서 두
손으로 얼굴을 감싸고 두 시간 동안 아무 말도 없이 꼼짝하지 않고 있
던 모습을 보았다. 하지만 그는 외로움과 비탄 속에서도 주님께 계속해
서 이렇게 말했다.

"하나님은 선하시고 선한 일을 행하셨습니다."

 하나님의 시간을 살다 간 사람들

당신의 삶 속에서 모든 사건들을 회고해 볼 때 "주님은 선하시고 선한 일을 행하십니다."라고 말할 수 있는가? 아니면 하나님께서 선한 일을 행하신다는 것을 의심한 적이 있었는가? 만일 그렇다면 왜, 어떤 때였는가?

본질과 비본질

리차드 박스터
(Richard Baxter,
1615–1691)

리차드 박스터는 1615년 잉글랜드 슈롭셔 라우튼에서 태어났다. 하나님의 백성으로 준비되어졌던 사람이었기 때문인지 그는 그리스도의 몸 된 자로서 성장하여 갔다. 그의 아버지는 그가 태어나기 전부터 신실한 신앙인이었고 어린 리처드는 그런 아버지의 믿음을 본받았다.

날카롭고 예리한 두뇌를 가졌던 리처드는 10대 시절에 이미 수많은 신학서적들을 통달하였다. 1638년에 성공회 목회자로 안수를 받은 그는 대단히 지적이며 영혼들을 사랑하는 진정한 목회자의 마음을 갖고 있었다. 600여 명의 교회 성도 거의가 철저하게 회개하도록 인도하였고 마을 사람들 스스로가 진정한 사회 변화를 일으켰다.

어느 주일날 그는 이렇게 말했다.

"여러분은 지금까지 수없이 반복되는 설교와 시편의 찬송을 들었을 것입니다."

그의 열정적이고 가슴을 울리는 설교는 상당히 인기가 있었기 때문에 예배를 드리러 오는 사람들을 다 수용할 수 없었다. 사람들은 지하에 앉아서 설교를 경청했다. 박스터의 설교를 들은 성도들은 지역사회에 전도의 열정을 펼쳤다. 리차드 박스터는 이렇게 말한다.

"밤낮으로 그들은 이웃들이 구원받는 것에 대하여 목말라하고 있었습니다."

박스터는 군대시절부터 책을 쓰기 시작했다. 그는 160권이 넘는 책을 저술하였는데 신약성경을 쉽게 풀이하거나 시편을 음률에 맞추어서 다시 풀어서 쓰기도 했고 두 권의 시집도 내었다. 그의 저서 중 『성도의 영원한 안식』은 17세기의 영어책 가운데서 가장 많이 읽혀진 책 중의 하나다.

그는 기독교인들의 화합을 위한 그리스도의 마음을 가졌다. 완전한 복음의 진리 위에 개신교 그리스도인들이 하나로 연합되도록 노력하였다. 박스터는 개신교 목사들을 위한 초교파적인 월세스터협회를 창설하였고, 키더민스터교회에서 교파를 초월한 그리스도인들이 모임을 만들어 정기적으로 예배를 드렸다. 그는 당시 서로 대립하고 있던 칼빈주의와 알미니언주의 사이에서 신학적인 중립을 주장하였다. 하나님의 사람은 본질적으로 하나가 되어야 하며 부수적인 것은 자유로이 선택하고 서로 사랑할 것을 제창한 것이 박스터였다.

그러나 사람들의 마음을 끄는 사람은 종종 오해를 받는다. 심지어는 그들과의 사이를 차단시키려는 사람들로부터 미움을 받기도 한다. 찰스 2세는 왕위에 오른 뒤 청교도였던 박스터를 궁전 목사 중의 한 사람으로 삼았고 박스터는 성공회 정치에 맞붙어 싸우게 되었다. 1662년에는 기도방식의 통일령이 선포되었고 다른 교파의 목회자들은 성공회의 기도문을 사용하여야만 했다. 이로 인해 리차드 박스터를 비롯한 2,000여 명의 청교도 목사들이 커다란 반대운동을 벌이기도 했다. 제임스 2

세의 통치하에 있던 1685년에 박스터는 교회에 대항한 자로 거짓 고소
를 당하여 많은 벌금과 함께 6개월 동안의 감옥생활을 해야 했다. 박스
터가 풀려났을 때는 70세의 나이였고 몸은 병들어 있었지만 그럼에도
불구하고 그는 삶의 수확에 골몰하고 있었다.

박스터는 언제나 죽은 사람이 죽어가는 사람들에게 설교하는 것처
럼 설교하지 않았다. 그는 뜨겁게 타오르는 불꽃처럼 설교를 하였다.
설교를 마친 후 심하게 지쳐 있던 노령의 목사 박스터는 집으로 돌아간
후 자리에 눕고 말았다. 친구들에게 둘러싸여 박스터는 마지막 순간을
보냈다.

그는 친구들에게 확신에 찬 목소리로 말했다.

"나는 영원한 기쁨에 대한 확신을 갖고 있습니다. 내게는 큰 평화와
위로가 있습니다."

어느 날 그의 절친한 친구가 그가 쓴 책들이 다른 사람들에게 위로
와 용기를 주었다고 말하자 그는 겸손히 말했다.

"나는 하나님의 손안에 있는 펜에 불과합니다. 어찌 펜을 찬양하겠
습니까?"

그는 이전에 "우리의 삶은 바람이 불면 이내 꺼져 버리는 부서진 등
속에 있는 초와 같다."라고 쓴 적이 있다. 하나님의 부드러운 입김이 잠
시 세상 속에서의 그의 불길을 끄고 영원한 안식 속으로 들어가게 한
1691년 12월 8일까지 리차드 박스터의 촛불은 밝게 타올랐던 것이다.

당신은 "본질적인 일치와 비본질적인 자유 속에는 박애심이 있어야
한다."라는 격언을 어떻게 평가하는가? 그리고 무엇이 본질적이며 무
엇이 비본질적인가를 어떻게 하나로 결정할 수 있는가?

 하나님의 시간을 살다 간 사람들

지금 도와주세요

'예수께서 헌금함을 대하여 앉으사 무리가 어떻게 헌금함에 돈 넣는가를 보실새 여러 부자는 많이 넣는데 한 가난한 과부는 와서 두 렙돈 곧 한 고드란트를 넣는지라'(막 12: 41-42)

앤 사이버는 혼자 외롭게 사는 몸집이 작은 여인이었다. 그녀가 사는 아파트는 벽에 페인트가 벗겨지고 여기저기 고칠 곳이 많았다. 미국의 경제공황 동안 그녀는 약간의 연금과 정부의 보조금으로 근근이 살았다. 그녀는 절대로 옷을 사는 데 돈을 낭비하지 않았다. 가까운 친구가 없었던 그녀는 참으로 외로워 보였다. 공무원으로 일했던 그녀는 승진해 본 적이 없었고 버스표를 살 수 있을 정도의 월급 인상만 있었을 뿐이었다.

그녀의 이웃사람들은 그녀가 하루도 빠짐없이 걸어서 마을 도서관을 다닌다는 것을 알고 있었다. 그녀는 재정 전문잡지인 《월스트리트 저널》을 매일 처음부터 끝까지 다 읽곤 했는데 사서들도 그녀를 알고 있었다.

그런데 그녀를 아는 사람 중 오직 한 사람만이 그녀의 머리가 얼마나 비상한 지를 알고 있었다. 증권중개인인 그는 그녀가 처음에 투자한 6,000달러가 나중에 2,200만 달러의 돈으로 불어난 것을 보았기 때문이다. 그녀는 죽으면서 다녀 보지도 못하고 방문해 본 적도 없는 유대인 대학에 자신의 전 재산을 기부했다. 평생 그녀가 느꼈던 인종차별을 같은 민족들이 당하지 않기를 바랐던 그녀는 그 많은 재산을 그 학교에 기부했던 것이다.

그녀가 죽자 사람들은 어떻게 그녀가 그렇게 할 수 있었는지 궁금해했다. 그렇지만 방법은 간단했다. 앤은 우량주를 샀고, 거기에서 이자와 이익금이 생기면 더 많은 주식을 사는데 투자하였던 것이다. 그러나 사람들은 단지 그녀가 돈을 벌게 된 방법만 궁금해 했지 그녀의 슬픈 삶 속에 숨겨진 중요한 사실을 놓치고 있었다.

누구보다도 그녀를 잘 알고 있었던 증권거래 중개인은 앤에 대해서 말했다.

"그녀는 대단히 영리하면서도 매우 불행한 사람이었습니다. 만일 그녀가 살아있을 때 다른 사람들에게 돈을 주었다면 그래서 그 사람들이 은혜를 입는 것을 보았다면 그녀는 더욱더 행복했을 것입니다."

이 외로운 여성에게 또 다른 슬픈 일은 자신을 위해 작은 돈이라도 썼더라면 편안한 생활을 누리며 살 수 있었을 텐데 그렇게 하지 않았다는 것이다. 재산이 늘어나는 것만이 그녀가 살아가는 힘이 되었다.

백만장자들처럼 자신도 돈을 갖고 있다는 만족감을 제외하고는 돈을 벌어 얻은 것이 없었다. 거의 일세기 가깝게 살았으나 그녀의 삶은 자신의 아파트처럼 공허하고 메마른 삶을 살았다. 돈으로 친구를 살 수는 없었다. 그녀는 훗날 전 재산을 유대인 대학에 기부해서 형편이 어려운 학생들에게 약간의 도움은 줄 수 있었다. 그녀는 그녀의 도움을 받은 사람들이 감사와 고마움을 전할 수 있는 기회를 주지 못했고, 행복감을 느낄 수 없었다. 그러나 그녀는 사람들이 인류를 위해 유익한 일을 하도록 자신의 전 재산을 남겼다. 개인적인 욕심이 없던 절약으로 다른 사람의 삶을 바꾸어 놓았던 점에서 그녀는 영웅이라 할 수 있다.

또 다른 한 여성을 생각해 보자. 그녀는 신학교에 다니는 조카를 도와주고 그 조카가 선교사가 되어 사역하는 곳에 물질적으로 지원해 주었다. 그녀는 수년 동안 자신이 일하던 코닥회사의 증권을 사서 모았다. 그녀가 유서를 남기지 않고 죽자 상당한 그녀의 유산은 도움이 필요한 친척들에게 돌아가지 못하고 전부 국가로 환원되었다. 불행하게도 법은 차가울 때가 있다.

누군가 이런 말을 했다.
"당신의 돈이 어디로 갈 것인가를 알고 살아 있는 동안 주도록 합시다."
결코 나쁜 충고는 아니다. 세계를 바꾸는 일을 미루면 안 된다. 인간관계는 증권이나 채권보다 더욱더 중요하다. 만일 앤 사이버가 고독과 외로움을 이겨냈다면 그녀의 삶이 어떻게 달라졌을까?
당신은 외로운 누군가를 알고 있는가? 그 사람을 도와주기 위해 당신은 무엇을 할 수 있는가?

3부

생기가 샘솟는 생명의 원천, 말씀

장례식을 통해 바꾸어진 삶

"사람이 등불을 켜서 말 아래에 두지 아니하고 등경 위에 두나니
이러므로 집 안 모든 사람에게 비치느니라"(마 5:15)

1851년 10월 24일, 프린스턴의 첫 번째 교수였던 아키발드 알렉산더의 장례식이 있었다. 그는 프린스턴을 미국에서 명성 있는 학교로 만든 뛰어난 교수였다. 그의 장례식은 프린스턴 제일장로교회에서 거행되었고, 장례행렬은 대학이 있던 나소 홀(Nassau Hall)을 지나 묘지가 있는 화이터스폰 거리까지 계속되었다. 장례행렬은 250명의 학생들과 대학의 교수들이 이끌었다.

그날 거기에는 로버트 하밀 나소라는 대학생이 있었다. 그는 명예로운 군인이나 대단한 웅변가의 꿈을 가진 젊은이였다. 놀랍게도 그 장례식을 통해 그는 삶 속에서 영적인 평화와 목적을 갈망하게 되었다. 몇 주 후 그는 홀로 프린스턴 근처의 들판에서 그리스도에게 자신의 삶을 드렸다. 나소는 뒤늦게 프린스턴에 들어갔다.

아버지가 교수로 있던 라파에테 대학에 1년을 다녔으나 공부할 준비가 되어 있지 않았기 때문에 다음해 뉴저지 로렌스빌에 있는 학교에 출석했다. 그 학교는 그의 숙부들이 운영하고 있었으며 프린스턴 대학 아래쪽에 있었다. 일 년 뒤에 그는 지금의 프린스턴 대학인 뉴저지 대학에 들어갔다. 그는 19세가 되던 1854년에 대학을 졸업하고 로렌스빌 고등학교에서 1년을 가르친 다음 프린스턴 신학교에 들어갔다. 주일에는 흑인 지역에 있는 장로교회에서 주일학교 교사로 봉사하기 시작했다. 첫해 여름에 그는 미국에서 가장 힘든 지역에서 그곳을 찾는 여행객들에게 성경보급과 기독교 문학 작품을 배포하는 성서 보급원으로 일할 것을 요청하였다. 그리고 그는 미주리와 캔자스에서 그 일을 하도록 허락을 받게 되었다.

그가 두 번째 맞이한 여름에는 펜실바니아 운하를 따라 일하는 사공들을 상대로 선교사 일을 하였다. 학창시절 그는 '형제회'에 가입했었는데 그곳은 선교지에 가려는 계획을 세운 학생들의 알려져 있지 않은 모임이었다. 나소가 신학교에 다니는 동안 12명의 활동적인 회원들이 학생들 전원 앞에서 해외선교에 도전할 것을 발표했다. 1859년 신학교를 졸업하자 나소는 장로교 해외선교부에 가장 힘든 지역에 보내달라고 요청하였다. 그들은 서아프리카의 연안에 있는 현재 적도의 기니아인 코리스코로 선교지를 정해 주었다. 나소는 그의 일기에 이렇게 기록하고 있다.

"나를 알고 있는 많은 사람들은 나에 대해 반대를 했다. 그 중 한 사람은 내게 이렇게 말했다. '자네 정말 어리석군. 아프리카에 죽으러 가려는가?' 라고."

나소는 일기 마지막에 이렇게 써 놓았다.

"나는 죽지 않기로 단단히 결심했다." 그는 자신을 더 준비하기 위해 1861년에 펜실바니아 대학에서 의학박사 학위를 받았다. 그리고 그 해 6월 목사 안수를 받고 9월에 서 아프리카 연안의 코리스코 섬에 도착했다. 나소는 45년간이나 그곳에서 선교활동을 했다. 그는 몇 개의 아프리카 언어를 익혔고 몇 개의 선교지를 개설했다. 그는 그의 개인적인 믿음은 다소 형식적이었지만 그의 선교 방법론은 그렇지 않았다. 가장 사랑했던 라이플총이 그의 일기에 종종 언급되기도 하지만 그는 복음적인 목적을 위하여 산업상인 훈련을 행한 선구자였다.

가장 중요한 것은 그가 구약과 신약의 부분들을 반투의 방언인 벤가어로 번역하는 데 도움을 주었다는 것이다. 로버트 나소는 아치볼드 알렉산더의 삶의 열매였다. 알렉산더의 죽음은 하나님께서 나소에게 새로운 삶을 주심으로 서아프리카에 수많은 사람들이 돌아오도록 사용하셨다.

우리는 결코 우리의 주변 사람들에게 어떻게 영향을 주게 될지 모른다. 아치볼드 알렉산더의 장례식에서 한 젊은이의 삶을 바꾸어 놓은 말씀은 그를 통하여 다른 많은 사람들의 삶을 변화시키려고 하나님께서 사용하셨던 것이다.

설교는 나의 힘

"그는 흥하여야 하겠고 나는 쇠하여야 하리라 하니라"(요 3:30)

1604년 조나단 버는 영국 서쪽 지역에서 살고 있
던 그리스도인 가정에서 태어났다. 그는 어린 나이에 그리스도를 구세
주로 영접했는데 성경지식을 많이 알고 있어 사람들에게 많이 알려지
게 되었다. 그가 목사가 되었을 때 성경을 많이 알고 있는 젊은 목회자
로 널리 알려졌다. 그가 더욱더 유명해지게 된 것은 그의 겸손함이 나
타난 말이다.

"나는 나 됨을 설교하는 것이 아니라 내가 전해야 할 것을 설교하는
것이다."

이 말로 인해 사람들은 그를 더욱더 따르게 되었다. 그는 지칠 줄 모
르고 주의 일을 하였으며 종종 다음과 같은 성경구절을 암기하곤 했다.

"눈물을 흘리며 씨를 뿌리는 자는 기쁨으로 거두리로다. 울며 씨를 뿌
리러 나가는 자는 반드시 기쁨으로 곡식 단을 가지고 돌아오리라."

(시 126:5-6)

하지만 그는 영국교회에서 인정받지 못하였으며 그가 설교하는 것
이 금지되기도 하였다. 그는 설교하지 못하는 자신에 대해 이렇게 타이

르곤 했다.

"내게 설교하는 것은 나의 삶이다. 만일 설교하는 것을 막는다면 나는 곧 죽을 것이다."

그와 가족들은 기도하는 가운데 종교적 자유를 얻기 위해서는 뉴잉글랜드로 가는 것이 할 수 있는 최선의 선택이라고 생각했다. 하지만 그는 식민지에 도착한 후 천연두로 몹시 고통을 당하였다. 이런 상황을 보시고 주님은 그의 생명을 살려 주셨다. 그는 회복된 후 주님과 다음과 같은 약속을 했다.

> "대서양같은 전지전능하신 하나님의 손안으로 저를 인도해 주심을 감사합니다. 가족과 친지들을 광야 같은 세상에서 은혜로 보살펴 주심에 감사합니다. 무한하신 하나님의 사랑에 제 자신의 무가치함을 느꼈으며 저의 이기적인 마음을 알게 되었습니다. 하나님은 영혼들을 양육하시는 엄청난 사역을 하도록 저를 부르셨습니다. 천연두의 고통에서 저를 건져 주셨고 고통의 열매를 발견하게 해 주셨습니다. 하나님은 이 고통을 통하여 저를 연단하시고 바르게 하시고 악에서 건져 주셨습니다. 하나님의 은혜 속에서 빠르게 저를 건져 주시는 큰 은혜와 사랑을 베푸신 하나님께 다음을 맹세합니다.
> 첫째, 저는 제 자신의 영광이 아닌 하나님의 영광을 위해, 그리고 영혼들을 위해 제 삶의 목적을 두겠습니다. 둘째, 저는 하나님의 은혜로 인하여 존재하며 한 번 불면 날아갈 존재라는 것을 생각하며 겸손히 살겠습니다. 셋째, 저의 심령을 늘 살피며 항상 하나님의 거룩한 명령에 순종하겠습니다. 제가

어려울 때 저를 도운 것은 하나님이시기에 인간을 쫓지 않겠습니다. 넷째, 저는 굳건한 약속 위에 서겠습니다. 확실한 진리는 하나님은 기도를 들으시는 분이시라는 것입니다. 다섯째, 제 아내와 자녀들, 그리고 일하는 노비들에게 더욱 더 진지하게 그들과 대화를 나누며 하나님을 더욱 더 중심에 모시고 살도록 할 것입니다."

하나님께서는 도체스터에서의 버의 사역을 축복하셨다. 그리고 그의 설교와 내적으로 거룩함을 추구하는 모습을 보며 많은 사람들은 감명을 받았다.

어느 주일 "시간을 아끼라."는 설교를 한 후 그는 심하게 아팠다. 아내가 돌보는 한 주일동안 그에게 점점 죽음이 다가왔다. 오직 죽음만이 고통을 없앤다는 것을 알자 비탄에 빠져 있던 그의 아내는 그에게 자신과 자녀들을 떠나고 싶은지를 물었다. 그는 재빨리 다음과 같이 대답하였다.

"나로 하여금 잘못을 저지르게 하지 마시오. 나는 그것을 바라지 않소. 하나님은 내게 은혜를 베푸셨소. 나의 뜻은 곧 하나님의 뜻이오. 만일 그 분이 나의 사랑하는 아내와 자녀들과 살라고 하신다면 나는 그렇게 할 것이오. 내가 당신과 함께 산다면 당신에게는 더욱 더 좋겠지. 그러나 나는 힘이 다했고 주님과 함께 있는 것이 나을 것이오. 우리가 떨어져 있는 것인 잠시일 뿐이오."

그리고 그는 마지막으로 아내에게 유언을 남겼다.

"모든 것을 하나님께 맡겨요. 하나님이 돌보아 주실 것이오. 그리고 굳건하게 서시오. 굳건하게 서시오."

 _하나님의 시간을 살다 간 사람들

조나단 버는 37살의 나이로 1641년에 세상을 떠났다. 조나단 버가 하나님과 맺은 언약은 오늘을 사는 그리스도인들에게 뛰어나게 적합한 것이다. 당신은 이것을 통하여 무엇을 배울 것인가?

하나님을 아는 지식의 힘

"너희가 온 마음으로 나를 구하면 나를 찾을 것이요 나를 만나리라"(렘 29:13)

1971년 개인용 컴퓨터가 생기기 전에 제임스 어윈 중령은 아폴로 15호를 타고 달에 갔다. 그는 각국의 왕이나 여왕들과 함께 식사를 했고, 거의 20년 동안 세계 정상들의 환대를 받았다. 그는 아주 겸손하고 친절한 사람이었다. 아폴로 15호의 우주 비행사들에게 준 큰 메달에는 이렇게 쓰여 있었다.

"인간의 여행은 일생 그의 지식의 힘에 의해서 지속된다."

이 글귀를 어윈 중령은 이렇게 바꾸었다.

"인간의 여행은 일생 하나님을 아는 지식이 힘에 의해서 지속된다."

이 말에 동의하는가? 아니면 하나님을 여러분이 알지 못하는 누군가로 생각하는가? 어윈 중령은 하나님이 우리의 삶 밖에 있는 분이 아니라 개인이 삶 속에 계신 분이라고 믿었다. 하나님께서는 습관과 운명, 그리고 장래를 바꾸시는 분이라고 그는 믿었다. 그러나 당신은 어떻게 이것을 사실로 받아들일 수 있겠는가?

우리 세대에서 과학적인 방법은 우리 자신에게 적용하도록 되어 있다. 물론 과학적인 방법이 과학의 발전을 가져왔을 뿐 아니라 인간이

달에 가도록 만들었으며 멀리 있는 우주를 탐험하도록 하였다. 그러나 과학적인 방법이란 무엇인가?

쉬운 말로 한다면 과학적인 방법은 연구자들의 연구 분야에만 국한되어 있다는 것이다. 드러난 사실을 조심스럽게 분석한 후 결론에 도달한다. 즉 사실이 먼저이고 그 다음이 결론이다. 과학적인 방법은 연구실에서는 가능하다. 그러나 그와 같은 방법으로 하나님을 찾을 수 있을까? 이렇게 생각할 수 있다. 하나님을 자로 잴 수가 있는가? 얼마나 크시고 하늘나라가 얼마나 멀리 있는지를…… 하나님은 우리가 상상할 수 없을 만큼 크신 분이다.

우리는 하나님을 우리의 한계 안에서 재려고 한다. 그래서 그 분을 유한한 존재로 만들어 버리려고 한다.

어윈 중령은 과학적인 방법의 힘을 경험한 사람이다. 그는 과학의 한계를 알고 있는 사람이다. 만일 당신이 하나님께서 존재하신다는 증거를 찾기 위해서 시간을 투자하기를 원한다면 하나님의 말씀인 성경을 읽어라. 당신은 하나님 없이는 인간의 마음속이 공허할 수밖에 없는 것과 우주의 방대함에 대하여 설명하는 데 있어서, 하나님을 믿는 것이 훨씬 논리적이라는 것을 알게 될 것이다. 이는 생물학자 알버트 윈체스터의 말로 결론지을 수 있을 것이다.

"하나님을 깊고 굳건하게 믿는 것은 진리를 더욱더 깊이 보는 통찰력의 결과일 것이다."

수많은 대학생, 과학자, 교수들이 하나님의 살아계심을 나타내는 증거를 생각하지 않는 것에 대하여 놀라지 않을 수 없다. 또한 그들은 그들의 삶과 생각 속에 하나님이 들어오지 못하도록 하고 있다. 하나님을 부정하고 창조주를 인정하기를 거부하며 살아가고 있다.

그리고 목적 없이 삶을 의미 없이 살아가고 있다. 그 둘 중에 한 사람이 되지 말라. 물론 당신은 과학적인 방법을 믿고 있다. 성경을 읽지 않거나 목적과 하나님의 존재에 대한 방대한 증거를 갖지 않고는 하나님은 없다는 결론을 내릴지도 모른다. 당신과 내가 제임스 어윈처럼 달에 갈 수는 없을 것이다.

그렇지만 어윈의 삶을 변화시키고 새로운 삶의 방향과 목적을 알려 주셨던 하나님을 경험할 수는 있다. 하나님과 인간 사이에 한 분의 중보자가 계시고 한 분의 하나님이 계시다는 어윈의 결론을 당신도 얻을 수 있을 것이다.

그리스도 예수, 그 분은 중보자이다. 당신은 그 분을 개인적으로 알고 있는가? 성경말씀을 믿음으로 그 분이 존재하시는 것을 알 수 있다.

마지막 결론은 믿음으로 그 분의 존재를 알고 세상과 성경 안에서 하나님 말씀의 증거를 믿어야만 한다. 하나님을 발견하고 나서야 진리가 찾아올 수 있다.

요한일서에서는 하나님의 아들이 말씀으로 나타나고 있다. 그 분은 영원하시고 시작도 끝도 없다고 증거하고 있다. 하나님이 당신의 삶을 변화시키신 것에 비해 당신과 하나님과의 관계는 어느 정도인가? 당신은 제임스 어윈이 한 것처럼 하나님의 능력을 공적으로 인정하는가? 우주 공간을 여행한 적이 있는 어윈은 그와 이야기하는 모든 사람들에게 체험으로 깊은 영향을 주었다.

개혁의 새벽 별

존 위클리프
(John Wycliffe,
1320–1384)

존 위클리프는 영국교회의 목회자가 되고자 하였다. 그의 부모는 그를 옥스퍼드 대학에 보냈고 그의 총명함과 명석함은 멀톤 대학에서 두각을 나타냈다. 그는 발리올 대학에서 석사학위를 받았고, 여러 교회에서 그를 초청하고자 했다. 특별히 대주교인 리스립은 캔터베리 홀에 새로 창설한 교회에 그를 소개해 주었다. 그곳에서 위클리프는 빠른 출세가도를 달리기 시작했다.

선임 왕이었던 존이 로마에 뇌물을 바치던 것을 헨리 3세가 멈추기로 결정하자 왕의 이러한 결단을 의회가 지지하였다. 돈이 로마교회로 흘러 들어가지 않자 로마교회는 영국의 모든 일들을 무시하기 시작했다. 이에 대해 위클리프는 로마교회에 대해 몹시 분노하였다.

그는 헨리 3세 왕의 행동이 옳았다고 생각했고 문제가 될 소지를 피해 가며 교묘하게 논쟁하기 시작했다. 로마는 그에게 등을 돌렸다. 이것은 존 위클리프가 로마교회에 대적함으르써 생긴 일이라는 것을 의심할 사람은 아무도 없었다.

당시 위클리프는 로마교회의 규정들이 공의와 하나님의 은혜 위에 세워진 것이 아니라는 것을 알았다. 그는 진실을 위해 이 사실을 폭로하였으며 헌금의 사적인 유용과 교회의 부패에 대해 개혁을 요구하였다. 1376년 위클리프는 은혜에 토대를 이룬 통치교리에 대해 선포하였다. 그는 이렇게 주장하였다.

"복음만이 모든 곳에 거주하는 성도의 삶을 다스리기에 충분하다. 인간의 행동을 완전하도록 다스리는 그리스도의 복음을 제외하곤 어느 법도 없다."

위클리프에게 교회들은 침묵을 지킬 것을 요구하였고 마침내 교회 지도층에서는 그를 정죄하였다. 그러나 이러한 일들은 더욱더 그에게 그의 믿는 바에 힘을 주었으며 성경에서 발견된 진리를 담대하게 설교하도록 만들었다. 교회 지도자들은 여러 차례 그를 붙잡아 구금하고자 하였고 지방 귀족들이 중재하려 하였으나 모두 실패하였다.

1378년경 위클리프는 병으로 거의 생명을 잃을 지경이었음에도 불구하고 계속해서 설교하면서 누구나 읽을 수 있도록 라틴어 성경을 영어로 번역했다. 그리고 이것을 작은 책자로 출판하여 배포하였다. 그를 추종하는 사람들이 계속 핍박을 당하였으나 그 수는 점점 늘어만 갔다. 존 위클리프는 그가 죽던 1384년까지 계속해서 그 일을 했다.

1415년 콘스탄스 회의에서는 존 위클리프의 가르침이 이단의 가르침이라고 정죄하였다. 그리고 1428년에는 죽은 그의 시신을 파내어 불에 태워 강에 뿌렸다. 그것으로 그들은 위클리프의 가르침과 영향력이 끝이 나길 원했으나 그렇게 되지 않았다. 마치 존 위클리프의 시신이 재가 되어 강물을 떠내려가며 진리에 대한 새로운 갈증을 바다 건너 유럽 전역까지 전해준 것과 같았다.

존 위클리프는 '개혁의 새벽 별'이라고 불렸다. 왜냐하면 하나님 말씀을 통해 하나님을 알도록 성경에 모든 사람들이 접근해 갈 수 있는 권리를 갖도록 싸운 첫 번째 사람이었기 때문이다. 교회가 정치적으로 영향력이 커져 있고 부패해져서 하나님의 말씀을 알기보다는 세속에 빠져 있을 때 위클리프는 분노하며 영적 혁명을 일으킨 사람이다. 교회 지도층들의 비위에 맞추었다면 그는 유익을 얻을 수 있었을지도 모른다. 지도층들은 그에게 수많은 타협을 원했지만 그는 진리를 부끄러워하지 않았고 그가 믿던 바를 끝까지 지켰다. 존 위클리프는 정치적인 권위로 싸운 것이 아니라 말씀과 진리로 싸웠다. 그래서 모든 사람들이 진리의 자유를 얻게 하기 위한 것이었다.

1611년 흠정역 성경을 출판하는 일에 존 위클리프가 불을 붙이지 않았더라면 오늘날 우리의 자유는 어떠했을까. 생각해 보면 흥미로운 일이다. 어떤 사람들은 킹 제임스 성경 때문에 가장 큰 선교사역의 역사가 일어났다고 믿고 있다. 영국의 큰 개혁의 역사는 성경을 법과 행위의 기본으로 인정한 데서 출발했다. 청교도들이 자신들의 언어로 된 성경이 없이 미국을 향해 항해를 할 수 있었을까? 성경은 유럽에서 자신들이 경험한 믿음의 속박으로부터 자유함을 얻기 위해 신대륙으로 옮기는 일이 그들에게 유익하다는 것을 믿게 허 준 것이다.

만일 존 위클리프와 같은 사람이 없었다면 우리의 삶은 어떻게 바뀌었을까? 성경은 몇 사람만이 이해할 수 있는 언어로 묶여 있을 것이고, 몇몇 공부한 사람들만이 이해할 수 있었을 것이다. 대가를 지불한 것이 대해 이해하는 것은 중요하다. 그래서 우리 자신이 성경을 가질 수 있고 매일 읽을 수 있게 된 것이다.

주변에 영향을 줄 수 있는 삶

"너희는 우리의 편지라 우리 마음에 썼고 뭇 사람이 알고 읽는 바라"(고후 3:2)

오스왈드 챔버스는 1874년 스코틀랜드의 아버딘에서 태어났다. 침례교 목사의 아들이었던 그는 10대의 소년시절 유명한 찰스 스펄전 목사의 설교를 듣기 위해 아버지와 함께 스펄전 목사의 집회에 참석하였다. 설교를 듣고 돌아오던 길에 어린 오스왈드는 만일 헌신의 기회가 주어진다면 자신을 주님께 드리겠다고 아버지에게 말했다. 아버지는 진지하게 아들에게 대답했다.

"애야, 지금 당장이라도 하나님 앞에 네 자신을 헌신할 수 있단다."

즉시 런던의 한 거리에서 오스왈드 챔버스는 예수 그리스도께 자신의 삶을 드리기로 결단하게 되었다.

에딘버그 대학을 졸업한 후 오스왈드 챔버스는 목회 준비를 하기 위해 1897년 "복음훈련대학"이란 곳에 입학하였다. 그리고 그 대학에서 조교로 일하면서 그의 믿음은 더욱 성장하였고 복음전도에 대한 열정도 커져 갔다. 다음해 오순절 기도회의 순회에서는 성경교사로 봉사하기도 했다. 1911년에는 "바이블 그레이닝 컬리지"의 학장이 되었다. 그런데 1차 세계대전이 유럽에서 발생하자 그 대학은 1913년에 문을 닫고 말았다.

챔버스는 아내 비디와 함께 YMCA의 일원으로 일을 하였다. 챔버스는 영국과 오스트리아 군대가 있는 이집트로 파송되었다. 당시 YMCA는 그 지역에서 자라는 갈대 잎으로 만든 조그만 오두막집을 짓고 군인들이 찾아와 쉴 수 있는 장소를 제공해 주었다. 챔버스는 그들에게 신앙적으로 힘을 주었다. 그는 제이토운이라는 마을에 도착하여 이러한 광고를 붙였다.

"매일 저녁 7시 30분에 수업이 있습니다. 아침 9시부터 저녁 9시까지는 읽기와 쓰기를 지도합니다."

일주일 만에 400여 명의 군인들이 매일 밤 그가 가르치는 성경을 듣기 위해 몰려왔다. 그리고 수많은 사람들이 그리스도께로 돌아왔다. 그는 일기에 이렇게 기록했다.

"하나님 말씀을 사모하는 구원받은 영혼들이 참으로 많이 있습니다. 그들은 정말로 하나님의 말씀을 알고자 합니다. 군인들이 그리스도를 위한 결단을 하는 데는 어려움이 없었습니다. 그들은 그리스도를 재빠르게 구세주로 받아들였습니다."

1916년 YMCA는 복음전도자인 챔버스와 함께 이집트 군인 막사 전체에서 복음전도대회를 가질 것을 계획하고 있었다. 그는 집회에 대해 이렇게 기록했다.

"우리는 놀라운 결단을 내렸습니다. 나는 어떤 노래도 어떤 배경음악도 허락하지 않았고 단지 사람들 앞에서 그리스도를 영접하도록 그들을 초청하였습니다."

1917년 10월 17일, 챔버스는 몸이 좋지 않은 상태에서 수요일 밤 기도회를 인도하고 돌아왔다. 그는 복부에 대단한 통증을 느꼈는데 그 통증은 10월 29일까지 계속되었다. 적십자 병원으로 이송되어 맹장수술을 받았다. 몸이 회복되었지만 갑자기 11월 4일에 혈관장애를 일으켜 11월 15일 결국 그는 사망하고 말았다.

그의 아내 비디는 다음과 같은 간단한 메시지를 영국선교본부로 보냈다.

"오스왈드는 주님 품안으로 갔습니다."

챔버스는 죽기 전에 단 한 권의 책밖에 쓰지 못했지만 그는 계속해서 일기를 쓰고 있었다. 훈련된 법원 속기사 출신이었던 비디는 오스왈드가 군대와 대학에서 했던 수천 개의 설교를 모두 다 기록해 놓았다. 오스왈드가 죽은 몇 년 후에 비디는 오스왈드의 일일 묵상집인 『하나님의 최상을 위한 나의 최대한의 노력』이란 책을 편집하기 시작했다.

오스왈드가 죽은 지 십년 후인 1927년에 그녀는 그 책을 완성하였다. 오늘날 이 책은 연간 가장 잘 팔리는 십위 권 안에 드는 책이다. 비디는 오스왈드의 이름으로 열두 권의 책을 더 편집하여 출판하였으나 결코 자신의 이름은 한 번도 나타낸 적이 없다. 오스왈드 챔버스는 그가 늘 하던 말과 그가 영향을 주었던 삶을 우리에게 유산으로 남겨 놓았다.

당신이 남길 유산은 무엇이라고 생각하는가? 우리들 중 많은 사람들은 우리의 말이 인쇄된 것을 가질 수는 없겠지만 우리 모두는 주변에 있는 사람들의 삶에 영향을 미칠 수가 있다.

 하나님의 시간을 살다 간 사람들

선포된 **말씀의 능력**

로버트 모펫은 가난한 학생이었지만 참으로 그리
스도를 사랑하는 젊은이었다. 1815년도에 그는 달갑지는 않았지만 남
아프리카의 선교사로 가게 되었다. 그리고 2년 후에 그곳에서 그의 고
용주의 딸인 메리 스미스와 결혼하였다. 메리는 남아프리카 사람들과
복음을 나누는데 있어서 문제가 있음을 발견하였다. 그녀는 남편에게
말했다.

"복음이 그들의 언어로 전해지지 못하고 있어요. 그들은 오직 통역
을 통해서만 듣고 있어요. 문제는 통역자 자신들이 복음을 이해하지 못
하고 진리에 대한 사랑도 없다는 것이에요. 당신 자신이 그들의 언어로
그들의 귀와 가슴에 진리를 전해 줄 때 우리는 비로소 축복을 기대할
수 있을 거예요."

모펫 부부는 그 후 50년 동안 남아프리카에 커다란 영향을 미쳤다.
어려운 여건 속에서도 그들은 신약성경 전체와 많은 찬송가를 번역하
였다. 그리고 『천로역정』을 베카아나 언어로 번역하기도 했다. 그로 인
해 많은 사람들이 그리스도께로 인도되어졌다. 모펫 부부의 믿음과 활

동은 그들의 사위인 데이비드 리빙스턴에게 영감을 주었고 데이비드는
후에 아프리카 내지에 복음을 전하게 된다. 선포된 하나님의 말씀에는
능력이 있다.

빌리 선데이의 특이한 설교

빌리 선데이
(Billy Sunday,
1862-1935)

빌리 선데이는 1862년에 태어났다. 연합군 사병이었던 그의 아버지는 빌리가 세상에 태어나기 전에 전사하였다. 기독교인이었던 어머니는 재혼을 했지만 그 남자로부터 버림을 받았다. 혼자 된 어머니는 아이들을 돌볼 수 없었고 그래서 빌리와 그의 형을 고아원으로 보내야 했다. 고등학교를 마친 빌리는 아이오아주의 마샬타운으로 이사하였고 거기서 지역 야구팀에 들어가게 되었다. 그가 던진 야구공의 놀라운 속도가 시카고 화이트 스트킹스 팀 감독의 눈에 띄었고 그는 1883년 시카고 팀과 계약을 맺었다.

1886년 어느 주일날 빌리와 그의 야구팀 친구들은 술집에 가게 되었다. 술을 마신 후 밖에 나가 길거리에 앉아 있었다. 그때 길 건너편에서 크리스천 밴드가 찬송가를 부르고 있었다. 그 찬송가들은 오래 전 그의 어머니가 부르던 찬송가였고 빌리는 그것을 기억하고 있었다. 빌리는 향수를 달래며 흐느껴 울기 시작했다. 그리고 그 밴드 중에 어느 젊은 이가 빌리에게로 걸어와 이렇게 말했다.

"우리는 퍼시픽 가든 선교회에 가려고 합니다. 당신도 그 선교회에 오지 않겠습니까?"

빌리는 잠시 머뭇거린 후 옆에 있는 친구들에게 말했다.

"애들아, 우리 여기서 헤어지자. 나는 그리스도 예수께 가려고 해."

빌리는 선교회에 들어가 무릎을 꿇었고 주님의 품에 안겼다. 다음날 걱정 속에 구장으로 돌아온 그에게 친구들은 그의 행동에 대해 지지해 주었고 빌리는 뜻하지 않은 기쁨에 젖었다. 빌리는 제퍼슨 파크 장로교회에 등록하고 YMCA에서 하는 정기 성경 공부반에 참석하였다.

1888년 그는 구단에서 잔심부름을 하던 소년의 누이인 헨렌 톰슨과 결혼하였다. 1891년 빌리는 YMCA에서 풀타임으로 일하기 위해 야구 선수로서의 명성을 포기했다. 2년 후 그는 복음주의자 윌버 챔프맨의 선발대 사역자로 일하게 되었다. 챔프맨은 1895년 전도여행을 멈추고 빌리에게 아이오와 가너에서 복음전도 집회를 인도하도록 하였다. 빌리는 챔프맨의 설교 자료를 인용하여 설교하였고 그때부터 자신이 집회를 인도하기 시작했다. 1898년도까지도 장로교회에서는 그에게 설교할 수 있는 자격을 주지 않았고 1903년까지는 목사안수를 받을 수가 없었다. 그러나 그는 계속해서 설교하는 것을 멈추지 않았다.

빌리 선데이는 작은 마을의 작은 집회로 시작하여 나중에는 동부와 중서부 대도시에서 큰 전도 집회를 갖게 되었다. 빌리 선데이의 설교는 형식에 매이지 않는 스타일이었다. 설교를 하다가 곡예를 넘는 특이한 모습, 그리고 강력하고 열정적인 그의 설교 모습은 신문지상을 장식하고 그를 유명하게 만들었다.

설교 후 빌리는 청중들에게 그리스도께 그들의 삶을 드리도록 결단하는 자리에 초청을 했다. 그의 가장 성공적이었던 집회는 뉴욕시에서 열렸던 집회였다. 그곳에서 9만 8,264명이 10주일 동안에 예수를 영접하였다.

빌리 선데이의 성공은 그의 아내 헌렌의 조직력에 기인하고 있다. 복음전도자로써 그의 사역이 가장 활발했던 시기에는 호머 로데히버를 포함한 찬송 인도자를 풀타임으로 23명이나 고용하였다. 일생 동안 그는 1,000만 명 이상에게 설교하였으며 수만 명의 사람들이 그의 사역을 통하여 그리스도를 믿는 역사가 일어났다.

빌리 선데이는 1935년 10월 27일 마지막 설교를 하였고 그 때 4명의 불신자들이 주 앞으로 나왔다. 열흘 후 그는 주님 품으로 돌아갔다. 어느 누구도 20세기 초엽 미국에서 빌리와 같이 믿음을 심어주고 성장시켰던 설교자는 없었다.

빌리 선데이에게 어떤 반응을 보이겠는가? 신학자 그레샴 메이천은 이렇게 말했다

"그의 설교 마지막 5분, 10분 동안 나는 새롭게 복음의 능력을 알게 되었습니다."

당신은 특이하게 말씀을 전하는 설교자들에게 부정적인 반응을 보였는가? 설교를 평가하는 우리의 기준은 어떠해야 하는가?

헨델의 메시야

"그리스도의 말씀이 너희 속에 풍성히 거하여 모든 지혜로 피차 가르치며 권면하고 시와 찬송과 신령한 노래를 부르며 감사하는 마음으로 하나님을 찬양하고"(골 3:16)

게오르그 프리드리히 헨델 (Georg Friedrich Handel, 1685–1759)

게오르그 프리드리히 헨델은 1685년 요한 세바스찬 바흐와 같은 해에 태어났다. 헨델의 아버지는 독일의 할레라고 하는 작은 마을의 의사였다. 그의 어머니는 목사의 딸이었다. 조지는 둘째 아이였고 태어난 다음날 루터교회에서 세례를 받았다. 헨델은 어린 나이에 뛰어난 음악가들이 세운 음악학교에 보내졌다. 헨델이 변호사가 되기를 원했던 아버지는 아들이 음악에 흥미를 보이자 음악에 관계된 모든 일을 하지 못하도록 막았고 집에 있는 모든 악기들을 불태워버렸다. 헨델을 불쌍히 여긴 친척들은 그가 아버지 몰래 피아노 연습을 하도록 도와주었다. 그러면서 헨델은 스스로 피아노를 독학하였다.

헨델이 6세 때 아버지가 주치의로 있던 백작의 집에 간 적이 있었다. 그때 헨델이 오르간을 연주하게 되었는데 이를 들은 백작은 너무 감격하여 헨델의 아버지에게 본격적인 음악교육을 받게 하도록 권유하였다. 그 결과 헨델은 할레에 있는 최고의 오르간 연주자의 문하생이 되었다. 당시 헨델은 열두 살이었으며 처음으로 작곡을 시작했고 오르간 연주에 아주 뛰어나서 때로는 자신의 스승 대신 오르간을 연주하기도 했다.

1702년, 헨델은 아버지의 뜻을 따라 할레 대학에서 법학을 공부하였다. 그러나 그는 중간에 음악으로 전공을 바꾸고 말았다. 헨델은 1710년에 영국 런던으로 이주하였지만 그곳에서 음악가로서의 생활은 쉽지 않았다. 군주들에게 총애를 받거나 눈 밖에 나는 일들에 대해 신경을 써야 했고, 다른 많은 작곡가들과 경쟁을 허야 하는 일들로 인해 헨델은 정신적으로나 재정적으로 곤고한 상황어 처해 있었다. 영국교회는 '에스더와 이집트의 이스라엘' 이라고 하는 오라토리오를 세속적인 극장에서 연주한다고 헨델을 비난하였다. 1741년, 그는 건강이 나빠지기 시작했고 그가 진 빚으로 인하여 감옥까지 갈 처지였다. 그럴 때 그에게 두 가지 사건이 일어났다. 한 친구가 그에게 그리스도의 생애에 대한 것을 오라토리오로 만들 것을 부탁했다. 그 내용은 성경에서 나온 것이라야 했다.

1741년 8월 22일, 헨델은 작곡을 하기 위해 의자에 앉았다. 작곡에 몰두한 헨델은 식사를 하는 것도 잊었다. 그리고 1941년 9월 14일, 작곡을 마친 그는 그 곡에 '메시야' 라는 곡명을 붙였다. 24일간 그는 악보를 260페이지나 썼다. 짧은 시간에 이러한 일을 했다는 것은 음악 역사상 가장 위대한 업적이다. 3주 동안 헨델은 집 밖을 나가지 않았다. 헨델의 집으로 찾아왔던 친구는 헨델이 감격에 복받쳐 울고 있는 것을 보았다. 후에 그는 그의 체험을 사도 바울의 말을 인용하여 이렇게 묘사하고 있다.

"나는 내가 이 메시야를 작곡할 때 몸 안에 있었는지 몸 밖에 있었는지 모른다."

1742년 4월 14일, 더블린에서 메시야의 초연이 있었다. 그 공연을 통해 얻어진 이익금으로 142명의 사람들이 빚에서 해방되었다. 1년 후 왕이 참석한 가운데 런던에서 처음으로 이 곡이 연주되었다. 합창단이 "할렐루야"를 합창할 때 왕이 자리에서 일어서자 청중들이 왕을 따라 일제히 일어섰고 그 전통이 오늘날까지 이어졌다.

헨델은 메시야를 모두 서른 번 연주했다. 그 서른 번 중에 한 번은 교회에서 연주되었는데 그때 요한 웨슬리가 참석했다. 공적인 헨델의 마지막 메시야 연주는 1759년 4월 6일에 있었다. 마지막 부분에 이르러 헨델은 오르간 옆에서 기절하였고 8일 후에 세상을 떠나고 말았다. 그는 웨스트민스터 사원에 묻혔고 그의 동상은 "나를 대속하신 주님이 살아계심을 아노라."라는 메시야에 대한 성경구절을 손에 쥐고 있는 모습을 하고 있다.

만일 가능하다면 오늘 메시야 찬송을 들어보길 바란다. 24일 만에 이 메시야를 헨델이 작곡할 수 있었다는 것에 대해 어떻게 생각하는가? 메시야에 나오는 성경말씀과 음악이 어떻게 당신에게 영적인 도움을 주고 있는가?

심장의 언어

카메론 타운샌트
(Cameron
Townsend, 1896–
1982)

1896년 캘리포니아에서 태어난 카메론 캠 타운
샌드는 12세 때 그곳의 한 장로교회에서 신앙생활
을 시작했다. 그 후 귀머거리였던 아버지는 캠을 곳
간으로 데려가서 아들의 믿음생활에 대하여 질문을 했다. 캠은 대답을
글로 써서 아버지께 보였고 아버지는 아들이 예수를 자신이 구세주로
믿고 있다는 사실을 알고 아주 만족했다.

1917년 타운샌드는 카키우엘 인디안들에게 스페인 성경을 팔기 위
해 과테말라로 갔다. 그러나 스페인 성경을 사용하지 않는 인디언들에
게 그 성경을 팔려고 하자 그들은 심하게 화를 내었다.

어느 날 한 인디언이 그에게 물었다.

"당신의 하나님이 그렇게 머리가 좋으시다면 왜 우리말을 배우지 않
는 것입니까?"

인디언들을 위해 그가 한 일에 대해 듣고 깊은 감명을 받은 저명한
멕시코 교육자가 타운샌드를 방문했다. 그리고 그는 멕시코로 돌아가
서 타운샌드에게 초청장을 보냈다.

"멕시코로 오십시오. 혁신적인 지도자들이 당신을 도울 것입니다."

그러나 타운샌드는 폐결핵에 걸렸고 그의 아내는 생명이 위험할 정도의 심장질환을 앓고 있었다. 그들 부부는 치료를 위하여 캘리포니아로 돌아올 수밖에 없었다. 그들이 회복되자 선교사 친구인 렉터스는 그들에게 멕시코로 갈 것을 강력히 권유했다. 그곳에는 열다섯의 다른 족속의 인디언들이 그들의 언어로 된 성경을 갖고 있지 않았다. 이때 새로운 사회주의자 대통령이 모든 종교부지를 빼앗고 외국에서 온 모든 선교사들은 그들의 나라로 떠나라는 명령이 내려졌다는 소식이 들려왔다.

렉터스는 1933년 10월 10일, 미국의 케스윅 사경회에 참석하기 위해 뉴저지로 왔다. 하루 동안 멕시코를 위한 기도회가 열렸으며 그때 멕시코와 타운샌드의 성경번역사업을 위한 기도가 있었다. 당시 케스윅 사경회의 감독이었던 이디슨 로우스는 하루 동안 금식하며 기도할 것을 선포하였다. 어느 누구도 식사하러 식당에 가는 사람이 없었고 렉터스와 그의 아내는 강당에서 매일 밤 기도하였다. 케스윅 사경회에 참석했던 사람들은 즉시 멕시코로 돌아가 성경번역 사업을 마칠 수 있도록 하나님께서 응답해 주실 것을 확신하며 타운샌드를 격려하였다.

후에 알게 된 일이지만 같은 시간 영국의 케스윅 사경회에서도 멕시코의 인디언들을 위해 기도하였다고 한다. 타운샌드는 렉터스와 함께 멕시코로 떠나며 아내를 친정에 머물도록 하였다. 그들이 국경을 통과하려 할 때 저지를 받자 타운샌드는 멕시코 교육자의 초청장을 보여 주었고 그들은 무사히 통과할 수 있었다. 또한 뜻하지 않게 멕시코 시내의 교육청장을 만나게 되면서 타운샌드가 멕시코 지방 교육을 6주 동안 받을 수 있도록 허락되었다.

또한 교육청장은 타운샌드가 분석한 여러 자료들을 보고 매우 기뻐하였다. 타운샌드와 렉터스는 멕시코 정부가 그들에게 개방하여 줄 것을 확신하며 성경 번역자 훈련을 위해 알칸사스의 한 곡간에다가 3개월 완성 번역학교를 세웠다. 그들은 이곳을 위클리프 캠프라고 명하였다. 이 이름은 영어성경을 처음으로 번역한 존 위클리프의 이름을 본 딴 것이다. 3명의 학생과 4명의 교수가 그 곡간 속의 못 통 위에 앉아 함께 공부하였다. 타운샌드는 1935년 학생들과 함께 멕시코로 갔다. 그리고 성경을 그들 부족의 언어로 번역하기 시작했다. 위클리프 성경 번역자들은 점차 성장하여 세계에서 가장 큰 독립 개신교 선교단체가 되었다.

1982년 타운샌드가 세상을 떠났을 때는 전 세계 5,000개의 언어 중에 반이 아직도 자신들의 성경을 갖고 있지 못했지만 나머지 반은 카멜론 타운샌드로 인하여 자신들의 언어로 성경을 가지고 있었다.

당신은 모국어로 성경을 읽을 수 있다는 것이 중요하다고 생각하는가? 이민자 가정의 어린아이들은 종종 자신들의 삶 속에서 자신들의 모국의 언어를 쓸 수 있기를 기도하고 있다. 사람들이 첫 번째로 사용한 언어는 심장의 언어이다.

모든 것이 다 거룩하다

'네 손이 일을 얻는 대로 힘을 다하여 할지어다. 네가 장차 들어
갈 스올에는 일도 없고 계획도 없고 지식도 없고 지혜도 없음이
니라'(전 9:10)

하나님께서 "사람을 실망시켰다."고 말할 수 있
는 사람은 이 세상에 극히 드물 것이다. 니콜라스 헐만은 하나님이 실
망시킨 사람 중에 한 사람이다. 그는 18세 때 개종을 했는데 어느 날 메
마르고 생명력이 없는 겨울나무를 보게 되었다. 그리고 그것이 봄철이
되면 곧 생명으로 다시 피어난다는 것을 깨달았다. 영적으로 죽어 있었
던 그는 하나님께 중생을 위하여 간절히 간구하였다.

헐만은 한동안 마부와 군인생활을 했었고 1666년에는 파리에 있는
카멜라이트 수도원에서 평신도 봉사자로 일했다. 그는 자신의 죄를 깨
닫게 해 줄 수 있는 교단에 들어가기를 원했으나 하나님은 그렇게 하지
않으셨다. 참회와 고통의 생활 대신 그에게는 로렌스 형제라고 하는 이
름이 주어졌고 상상을 뛰어넘는 기쁨과 즐거움, 그리고 용서함을 발견
하게 되었다. 그는 주방 일을 하도록 배정을 받았는데 그곳에서 그가
그리스도를 섬기며 행했던 일의 방법이 3세기 후에는 승리의 생활을
위한 지침서가 되었다.

　　로렌스는 가장 위대한 왕을 위하여 사는 것이 영적인 목적이라고 믿었다. 그의 책 『하나님의 임재 연습』에서 그는 하나님이 그에게 가르쳐 준 것을 함께 나누고 있다. 그는 이렇게 기록하고 있다.

　　"일하는 시간은 기도하는 시간과 다른 것이 없습니다. 주방에서 덜거덕거리는 소란스런 시간 속에서 몇몇의 사람들은 같은 시간에 다른 일들을 하고 있습니다. 나는 그 속에서 하나님을 만나고 있습니다. 마치 내가 고요함 속에서 무릎을 꿇고 기도할 때처럼……."

　　어떻게 로렌스가 수도원의 형제들을 위하여 요리사로서 그의 의무를 다할 수 있었겠는가? 그는 매사의 모든 일을 뜨거운 기도로 시작하였고 하나님의 사랑을 가지고 모든 일을 행했다고 말하고 있다. 그리고 식사가 끝났을 때 그는 감사기도를 했다. 그는 또한 이렇게 기록하고 있다.

　　"우리는 하나님의 사랑으로 이 작은 일을 행할 때라도 피곤하게 생각해서는 안 됩니다. 하나님은 우리가 행하는 일의 크고 작음을 생각하시는 것이 아니라 그 일을 행하는 사람의 사랑에 대하여 생각하십니다."

　　로렌스에게 기독교의 실제적인 모습은 사도 바울이 말했던 세 단어로 요약하여 표현할 수 있다. 믿음, 소망, 사랑 바로 이것들이다. 그는 계속해서 이렇게 말하고 있다.

　　"믿는 자에게 능치 못함이 없습니다. 소망을 갖는 자에게 어려움은 쉬워질 것이며 사랑하는 자에게는 더욱더 일이 쉬워질 것입니다. 이 세 가지 덕을 실천하는데 인내하는 사람에게는 일이 더욱더 순조로워질 것입니다."

얼마나 대단한 유산인가? 믿음을 갖는 것, 소망을 갖는 것, 사랑으로 행하는 것은 하나님의 임재를 실천하기 위해 가졌던 로렌스의 훌륭한 유산이다. 대부분의 가족들은 침대에서는 논쟁을 하지 않는다. 그러나 부엌의 식탁에서 저녁을 먹기 전 30분 동안은 주로 논쟁을 한다. 그때는 가족들이 대부분 피곤하고 지쳐 있을 때이다. 로렌스처럼 당신이 부엌일을 싫어할지도 모른다. 부엌일을 한다는 것이 여러분에게는 피곤하고 고역일 것이다.

그러나 로렌스의 비결을 배우고 그 일을 주님을 위한 사랑으로 실천해 보라. 로렌스가 행했던 그리스도의 임재에 대한 접근은 성서적인 것이다. 사로 바울이 골로새 형제들에게 편지했던 것처럼 "무슨 일을 하든지 마음을 다하여 주께 하듯 하고 사람에게 하듯 하지 말라"는 것이다. 그리스도인들에게 세속적인 일이냐, 거룩한 일이냐의 차이점은 없어야 한다. 왜냐하면 하나님께서는 모든 것을 거룩하게 만드셨기 때문이다. 그리스도께서 임재하심을 믿음, 소망, 사랑의 형태로 적용하는 것은 그 어려운 일을 은혜의 사역으로 변화시킬 수 있는 것이다. 성도들에게 은혜로 감당하지 못할 그런 아주 낮은 일은 없을 것이다.

세속과 거룩에 대한 차이는 없다. 모든 것은 다 거룩한 것이다. 80이 넘을 때까지 살았던 로렌스는 "하나님의 임재를 실행하는 것이 거룩한 삶의 최고의 기준"이라고 기록하고 있다. 믿음으로 인해 많은 어려움을 겪는 것을 기대했던 그에게 대신 하나님께서는 그에게 기쁨과 평안을 주셨다. 이사야서 43장 25절을 보면 이 말이 하나님의 실망과 무슨 관계가 있는지를 알 수 있을 것이다.

"나 곧 나는 나를 위하여 네 허물을 도말하는 자니 네 죄를 기억하지 아니 하리라."

진리의 정성으로

"진실로 너희에게 이르노니 천지가 없어지기 전에는 율법의 일점 일획도 결코 없어지지 아니하고 다 이루리라"(마 5:18)

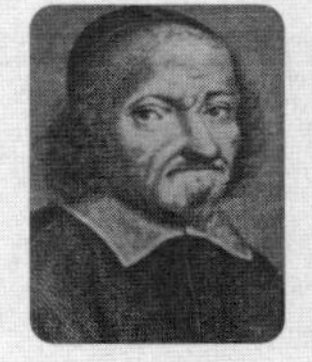

마일즈 커버데일
(Miles Coverdale,
1488–1568)

크리스토퍼 콜럼버스가 1492년 신세계를 발견했을 때 마일즈 커버데일은 4세였다. 영국 요크 지방에서 태어난 그는 케임브리지 대학을 졸업하고 1514년에 안수를 받고 어거스티우스 수사가 되었다. 그는 윌리암 틴데일, 토마스 크레머, 휴라 티머 그리고 로버트 반즈와 같은 케임브리지 학자들과 같은 그룹에 속했으며 그들은 화이트 테번이라는 곳에서 만나 종교개혁을 논의하곤 하였다. 당시 친구가 커버데일이 어떠한 사람이었는가를 묘사한 말이 있다.

"그는 친근하고 밝은 성품을 가졌으며 매우 자상한 마음을 가지고 있었습니다."

영국의 교회가 부흥할 때 그는 그리스도께 순수한 충성을 선서한 첫 번째 그룹 중의 한 사람이었다. 다른 사람들은 부분적으로 충성을 맹세하였지만 그는 하나님의 영광과 그리스도의 복음의 진리를 전파하는데 자신을 전적으로 헌신하였다. 그리고 1528년 고백이나 미사, 조각상들에 대하여 반대하는 설교를 한 후 어거스틴 수도사직을 그만두도록 강

요당하였다.

1528년부터 1535년까지 외국에 있던 동안 그는 함부르크와 앤트워프에서 틴데일과 함께 구약성경을 번역하는 일을 하였다. 1535년 10월 자신이 직접 번역한 성경의 초판을 독일에서 출판하였다. 영어로 인쇄된 완전한 초판을 준비하기 위해 커버데일은 5개의 번역판을 참조하였는데 그 중에 틴데일 번역판도 있었다.

헨리 8세와 앤 여왕에게 그가 오랫동안 고생하며 완성한 이 성경을 봉헌하면서 겸허한 마음으로 편지를 썼다.

> "저는 겸허하게 저의 이해와 보잘것없는 번역본을 은혜로 여기며 진리의 정신으로 드립니다. 제 양심에 하나님 앞에서 단호하게 교단의 유리함을 위하여 성경을 바꾸거나 변형시키지 않았음을 선언합니다. 제 눈앞에서 성경의 진리만 나타내고자 하는 5명의 번역가들이 충성스럽고 정숙하게 순수한 양심을 가지고 번역하였습니다."

오늘날 성경은 구약성경에 외경을 포함시키지 않는 것과 장표제에 대한 생각과 구절을 아직도 유지하고 있다. 커버데일 성경은 왕의 대법관인 토마스 크롬웰이 잘 받았고 영국교회에 놓이는 공적인 성경으로 발행할 수 있도록 감독할 것을 부탁하며 커버데일은 파리로 갔다. 프랑스에서 시작되어 위대한 성경으로 알려진 두 번째 성경은 프랑스의 종교재판소가 영국 성경인쇄를 더 이상 허락하지 않자 멈추어야 했다. 위대한 성경은 1539년 크롬웰에 의해 헨리 8세에게 증정되었다. 이것은 커버데일의 위대한 업적을 증명해 주었고, 1611년 킹 제임스판 번역에 중요한 영향을 주었다. 마일즈 커버데일은 1569년 1월 20일 세상을 떠났다. 그는 영국에 영어로 된 성경을 남겨 놓았다.

하나님은 자신을 성경말씀 안에서 나타내셨다. 정확한 번역으로 된 자신의 언어로 이 말씀을 읽을 수 있다는 것은 가장 중요한 일이다. 하나님께서 우리에게 말씀하시는 것을 알기 위하여 성경을 읽고 공부하지 않으면 마일즈 커버데일 같은 학자들의 업적을 우리는 인정할 수 없을 것이다.

4부

하나님과 함께 부르는 천상의 하모니, 기도

죽는 순간까지 기도

존 낙스
(John Knox, 1514
-1572)

종교개혁자 존 낙스는 1545년경 예수 그리스도를 구세주로 영접하였다. 그리고 곧바로 복음을 전하기 시작했다. 그는 죄에 대항하여 담대하게 외쳤다. 하지만 그는 1547년 프랑스 군에 의해 감옥에 갇히게 되었고, 19개월 동안 갤리선에서 노예생활을 하기도 했다. 그는 투옥되어 있는 동안에도 프랑스 군에 의해 포로가 된 다른 사람들을 대상으로 문서로 선교 사역을 했다. 이와 같은 존 낙스의 선교 활동에 대해 전해들은 영국의 에드워드 6세는 낙스의 석방이 보장되도록 도와주었다. 이에 힘입어 새롭게 용기를 얻은 낙스는 23년 동안 복음을 전하는 사역을 하였다.

존 낙스는 스코틀랜드의 장로교회의 창설자이다. 그는 임종 때 아내에게 이렇게 말했다.

"내가 처음으로 닻을 내렸던 그 성경을 읽어주시오."

요한복음 17장에 나오는 예수님의 아름다운 기도를 들은 후 낙스는 마지막 힘을 모아 기도하였다. 다른 사람들을 위한 중보기도와 함께 복음을 받지 못한 잃어버린 자들을 위해 간절히 기도했다. 그리고 최근에 그리스도를 알고 믿기 시작한 사람들을 위해 당시 핍박을 받고 있었던 주의 종들을 보호해 달라는 기도를 했다. 낙스가 기도할 때는 그의 영이 주님과 함께 했다.

한번은 메리여왕이 이렇게 말한 적이 있다.

"나는 적의 군대들보다 낙스의 기도를 더 두려워 한다."

낙스는 죽는 순간까지 기도했다.

위대한 사역은 그냥 일어나는 것이 아니다. 그것은 주의 백성들의 기도에 대한 주님의 응답이다. 하나님의 일은 기도로 시작하고 기도로 계속된다.

복음의 능력

할아버지의 이름을 본 따서 케스퍼 월트젠이라고 이름 지어진 사내아이가 1903년 브루클린에서 태어났다. 그는 고등학교 시절 친구들이 이름을 가지고 놀려대는 바람에 '잭'으로 이름을 바꾸었다.

잭의 가족들은 남들이 인정하지 않는 유니테리언 교회에 출석하였고 그는 그 속에서 성장하였다. 그는 고등학교를 중퇴하고 18세 때 국가 방위군에 입대했는데 그곳에서 조지 실링이라는 사람을 만났다.

실링은 상당한 술꾼이었으나 2년 뒤에는 모두가 놀랄 정도로 다른 사람으로 변하였다. 그는 성경을 읽고 매일 밤 무릎을 꿇고 기도하였는데 이러한 그를 보고 잭과 그의 동료들은 함께 비웃었다. 잭은 마음속으로는 은근히 실링의 용기에 대해 감탄하고 있었지만 마음과는 달리 실링이 준 요한복음을 모두 찢어버리기도 했다.

어느 날 밤 실링이 잭에게 성가곡을 트럼본으로 연주하자고 제의하자 잭은 주저하지 않고 수락했다. 두 사람은 연주를 마치고 실링이 다니는 교회 예배에 함께 참석했다. 그날 밤 잭은 설교를 듣고 몹시 기분이 상했다. 어린 시절부터 유니테리언 교회의 목사에게서 가르침을 받았던 것과 너무나 달랐기 때문이다. 그 설교자는 지옥 불에 대하여 강력한 설교를 하였고, 설교를 들은 잭은 당황할 수밖에 없었다. 잭은 하늘나라는 어디에 있고 지옥은 어디에 있는가에 대한 생각을 멈출 수가 없었다.

그날 밤 잭은 홀로 침대에서 생각했다. 그리고 자신이 화를 낸 것은 자존심과 지옥에 대한 공포 때문이었던 것을 깨달았다. 그는 '예수님이 나를 정말 사랑해 주실까? 예수님이 과연 나를 위해 죽으셨을까?' 에 대한 생각을 곰곰이 해 보았다. 자리에서 일어난 잭은 무릎을 꿇고 예수님께 자신의 삶을 드렸다.

다음 날 실링이 잭에게 전날 밤 설교자의 설교에 대하여 변명하려고 하자 잭은 이렇게 말했다.

"나는 어젯밤 구원을 받았어."

그 후 잭은 매일 성경을 읽고 기도하였다. 그러나 그가 예수를 믿는 사실에 대해서 아무도 몰랐다. 그는 자신이 예수를 믿는 것이 그가 속해 있는 '실버 문 세레나데' 라는 댄스 팀에 알려지는 것을 두려워했다. 그 댄스 팀에는 잭의 여자 친구가 있었는데, 잭이 예수를 믿는다는 것을 알게 되면 그녀가 별로 탐탁하게 여기지 않을 것이라고 생각했기 때문이다. 그런데 몇 달 후 그는 그 여자친구로부터 놀라운 편지를 한 통 받았다.

"잭, 나는 구원받았어. 나는 네가 예수를 믿고 구원받기를 원해. 사랑하는 메기가."

연말에 한 친구가 두 주 전에 자기 형이 죽었다고 말했다. 잭은 그 친구와 함께 복음서를 나누었으나 그 친구는 잭의 말을 받아들이지 않고 이렇게 말했다.

"만일 네가 천국이나 지옥이 실제로 있다는 것을 알고 있었다면 왜 나와 나의 형에게 말하지 않았니? 나의 형이 그것을 알았다면 믿었을 것이고 지금은 하늘나라에 있었을 거야. 그러나 너는 그 일에 대하여 말해 주지 않았어."

잭은 그 날 밤 확신을 가지고 기도했다.

'주님, 내가 아는 사람들이 복음을 듣지 못하고 죽지 않도록 하겠습니다.'

실링과 잭의 꿈은 커져 갔고, 그들은 토요일 청소년 집회의 방송중계를 13번 할 수 있도록 가장 영향력 있는 방송국과 계약을 맺었다. 1941년 10월 25일, 뉴욕 가스펠 테버너클에서 첫 방송이 나갔다. 저녁 7시 30분에 그 방송은 이렇게 시작되었다.

"뉴욕 타임 스퀘어로부터 생명의 말씀을 미국의 청소년들에게 잭 월트젠이 보내드립니다."

이 집회는 1944년에 메디슨 스퀘어 가든에 2만 명이 모이는 집회로 성장하였고, 1948년에는 4만 명이 양키 스타디움에 모였다. 1947년 잭은 생명의 말씀 캠프를 뉴욕시 큰 호숫가에서 열었다. 그리고 그곳에서의 집회로 인하여 전 세계가 이 집회를 행하게 되었다. 하나님은 수많은 생명을 변화시키기 위하여 잭을 변화시키셨다.

기회를 잃어버리면 다른 기회를 가질 수 없을 것이다. 하나님께서는 당신이 다른 사람과 함께 믿음을 나누기를 원하신다는 것을 믿는가? 첫 번째 단계는 그들을 위해서 기도하는 것이다. 그리고 기회가 올 때 함께 나누기를 바란다.

한계가 없는 하나님의 일

"여호와께서 이르시되 내가 아이를 갖도록 하였은즉 해산하게
하지 아니하겠느냐 네 하나님이 이르시되 나는 해산하게 하는
이인즉 어찌 태를 닫겠느냐 하시니라"(사 66:9)

체임 바이츠만
(Weizmann,
Chaim Azrie,
1874-1952)

1874년, 오늘날의 벨라루스인 모톨의 작은 마을에 에절 와이즈먼의 열다섯 자녀 중 셋째로 체임 와이즈먼이 태어났다. 그의 아버지는 목재를 잘라 발틱 해안으로 보내는 일을 하였다.

그의 아버지는 또한 가족들의 형편이 어려웠음에도 불구하고 자녀들을 정통 유대인 학교에 입학시키고 열심히 공부하도록 뒷바라지하는 일을 게을리 하지 않았다. 체임의 친척들은 대부분 과학자, 내과의사, 치과의사, 기술자, 그리고 교사가 되었다.

체임은 프리버그대학에서 화학박사 학위를 받고, 4년 후 영국 맨체스터대학에서 화학과 교수가 되었다. 체임은 어려서부터 시오니즘(팔레스타인에 유대 국가를 다시 건설하자는 운동)에 대한 열정을 가지고 있었다. 그는 당시 영향력 있는 정치가들을 만날 수 있는 자신의 위치를 활용하여 그들과 시오니즘에 대한 열정을 함께 나누고자 했다.

와이즈먼에게 시오니즘 사상을 갖게 한 두 명의 국회의원들이 있었다. 아서 발포어와 데이비드 로이드 조지였다. 발포어는 영국을 이끄는

전통적인 지주층의 마지막 의원이었다. 1914년에 와이즈먼은 발포어와 함께 결정적인 토론을 하였다. 토론의 요지는 독일 문화의 주요 공헌자들이 유대인임에도 불구하고 그들은 독일 문화에 기여한 것을 감추어야만 했다는 것이었다. 이러한 사실을 알게 된 발포어는 눈물을 흘렸고 더욱 헌신적으로 시오니즘 사상을 지지하게 되었다.

또 다른 한 사람 데이비드 로이드 조지는 웨일스 사람으로 할아버지가 침례교 목사였다. 그의 아버지는 그가 한 살 때 비참한 가난만 남겨놓고 세상을 떠났다. 그의 어머니와 형제들은 침례교 목사인 외삼촌의 도움을 받고 살았다. 어린 소년 데이비드는 신앙을 잃어버렸다. 그는 어른이 되어 국회의 지도자가 되었지만 불명예스럽게도 30년 넘게 한 여인과 불륜의 관계를 맺어왔기 때문에 결혼 생활이 온전하지 못했다.

1차 세계대전 동안 로이드 조지는 지속적으로 시오니즘을 지지했다. 와이즈먼과 함께 전쟁 중에 무기 문제로 인하여 계약을 맺은 내각의 첫 번째 관리가 되기도 했다.

1916년 영국은 커다란 병참문제에 부딪혔다. 탄약을 제조하는 데 중요한 원료인 아세트염이 바닥났던 것이었다. 체임 와이즈먼은 그러한 상황을 재빨리 해결했다. 곡류에서 아세트염을 축출하여 사용할 수 있는 새로운 방법을 발명했던 것이었다. 덕분에 영국은 탄약이 바닥나지 않고 계속해서 만들어 낼 수 있었다. 이러한 와이즈먼의 발명에 대한 공로와 감사의 대가로 영국은 시오니즘의 명분을 지지하여 주었고, 결국 1916년에 로이드 조지는 수상으로, 발포어는 외무부 장관이 되었다.

영국 군대와 오스만 왕국이 팔레스타인 통치권을 가지고 싸울 때 영국 정부는 1917년 유대인들의 노력을 지지하는 발포어 성명을 발표했다. 그 성명의 주요 대목은 "영국 왕과 정부의 견해는 유대인들이 팔레스타인에 자신들의 나라를 설립하도록 한다."는 것이다. 또한 이러한 목적이 이루어지도록 최선을 다하여 돕겠다는 내용이 포함되어 있었다. 발포어 선언은 이스라엘 국가가 태어나는 데 있어서 가장 중요한 문서이다. 얼마 후 체임 와이즈먼은 이스라엘의 초대 대통령이 되었다.

하나님은 로이드 조지, 발포어와 와이즈먼을 유대인들이 그들의 땅으로 돌아오도록 하는데 사용하였다. 당신은 믿지 않는 이들을 통해서 하나님의 목적을 이루시는 것을 스스로 깨달은 적이 있는가? 만일 그런 일이 있었다면 하나님에 대하여 어떻게 말하겠는가?

만일 하나님께서 믿는 자나 믿지 않는 자들을 그분의 목적을 이루기 위해 사용하신다면 우리가 그분께 요청할 수 있는 범위에 대하여 생각할 필요가 있다. 하나님께서 하시는 일이 한계가 없는 것처럼 우리의 기도의 범위도 한계가 없다.

찬송가 가사 속에서

"주는 나의 도움이 되셨음이라 내가 주의 날개 그늘에서 즐겁게
부르리이다"(시 63:7)

　　1832년에 스웨덴 프로데리드에 있는 목사의 가
정에서 한 여자 아이가 태어났다. 그녀의 이름은 캐롤라이나 산델이었
는데 사람들은 그를 '리나' 라고 불렀다. 어려서부터 몸이 약했던 그녀
는 밖에서 노는 것 보다 아버지의 서재에서 시간 보내는 것을 더 좋아
했다. 그런 그녀에게 12세 때 알 수 없는 병이 찾아 왔고 그로 인하여
왼쪽 몸이 마비되었다.

　어느 주일 아침에 식구들이 모두 교회에 가 버리고 난 후 혼자 남은
그녀는 침대에서 일어나 밖으로 나갈 수 있게 해 달라고 기도했다. 그
런데 정말 그녀가 기도한 대로 놀라운 일이 생겼다. 그녀 스스로 옷을
입을 수 있게 되었고 방을 천천히 걸어다닐 수 있게 되었던 것이다. 그
녀는 하나님께서 기도에 응답하신 것을 말하지 않고는 견딜 수가 없었
다. 그래서 그녀는 글을 쓰기 시작했다. 생각하고 있는 것을 글들로 써
내려갔으며 시를 쓰기도 했다. 그래서 16세 때 쓴 시들을 모아 작은 시
집을 출판하였다.

　26세이 되었을 때 그녀는 아버지와 함께 고덴버그로 여행을 떠났고

그 여행은 그녀의 삶을 바꾸어 놓게 되었다. 기분 좋게 떠났던 여행이 비극을 맞이하게 되었다. 작은 배로 호수를 건너다가 배가 뒤집히는 바람에 아버지가 그녀의 눈앞에서 익사하였고 이날 이후 그녀는 3년 동안 고통의 세월을 보내야만 했다.

부서진 마음에 유일한 위안을 준 것은 찬송가 가사를 쓰는 것이었다. 아버지가 죽은 지 일 년이 지났을 때 그녀는 《부드바라렌》이라는 기독교 정기 간행물에 익명으로 14개의 찬송가 가사를 발표했다. 650여 개의 찬송가 중에 그 14개의 찬송가가 들어 있다.

찬송가 14곡 중에는 "하늘 아버지의 자녀와 매일매일"이라는 것이 있다. 35세 때 스톡홀름의 상인과 결혼한 그녀는 결혼 후에도 계속해서 찬송가 가사를 썼다. 그녀가 작사한 찬송가에는 자신의 이름 리나의 첫 자인 L과 산델의 첫 글자인 S자를 써넣었다.

스웨덴에서 가장 노래를 잘 부르는 사람으로 알려져 있고 로얄 오페라단의 단원이었던 오스카 안펠드라는 사람이 이 가사에 곡을 붙였다. 안펠드는 전국을 다니면서 그녀의 노래를 퍼뜨리기 시작했다. 그리고 자신의 10줄 기타 반주에 맞춰 사람들의 가슴에 감동을 주는 노래를 불렀다.

또 리나의 찬송가를 유명하게 해 준 또 한 사람이 있다. 제니 린드라는 여성인데, 그녀는 스웨덴의 나이팅게일이라 불렸고 당시 가장 실력 있는 소프라노 가수였다. 린드는 로제니우스의 설교와 안펠드의 노래를 사랑했던 신실한 그리스도인이었다. 린드는 안펠드의 노래 첫 번째 판을 인쇄할 자금을 제공해 주기도 했다. 그것은 리나 산델과 킬 로제니우스의 찬송을 모은 것이다. 제니 린드는 리나의 찬송가를 인쇄하는 것을 책임졌을 뿐 아니라 많은 곳에서 부흥집회 때마다 그 찬송가들을 불러 사람들을 감동받게 했고 사람들로부터 사랑받게 하였다. 오페라 가수로서의 성공의 길을 포기한 제니 린드의 주님 앞에서의 간증은 리나의 찬송가를 부름으로써 사람들에게 더욱 널리 알려지게 되었다.

리나는 72세의 나이로 세상을 떠났다. 그의 장례식에서 성가대들이 그녀가 작사한 찬송가를 불렀고 참석했던 모든 사람들은 다함께 이 낯익은 찬송을 다 함께 불렀다.

좋아하는 찬송이 있는가? 그럴만한 특별한 이유나 기억할 만한 것이 있는가? 좋아하는 찬송가의 가사를 한 절 한 절 곰곰이 생각해 보면 하나님께서 나에게 주시는 메시지를 발견하게 될 것이다.

내면의 성실과 인격의 힘

월리 루돌프는 가냘픈 몸매를 가졌지만 빨리 달리는 어린 소녀였다. 1960년 올림픽에서 스무 살의 월리 루돌프는 육상 경기에서 세 개의 금메달을 따내어 세상 사람들의 우상이 되었다. 그러나 중요한 것은 그녀가 금메달을 따낸 것이 아니라, 그녀가 가지고 있던 어려움을 극복하였다는 사실이다.

월리는 열세 살이 될 때까지 다리에 버팀 쇠를 달지 않고는 걸을 수가 없었다. 어린 시절에 소아마비에 걸린 그녀는 다리에 힘을 얻게 하려고 달리기를 시작하였다. 끊임없는 노력 끝에 그녀는 세계에서 가장 빨리 달리는 여성이 되었고, 세 개의 금메달을 획득하고 나서야 비로소 달리기를 멈출 수 있었다. 육체적인 불구가 이 어린 여성에게는 결코 장애물이 아니었다. 월리에게는 육체적인 것보다 더욱더 견디기 어려운 두 가지 장애물이 있었다.

월리는 흑인 부모의 스물두 명의 자녀 중 스무 번째로 태어났다. 그녀는 당시 인종차별과 가난이라는 정신적인 장애를 극복해야만 했다. 월리가 행한 일은 믿음을 갖고 있는, 자신과 같은 수많은 장애자들에게 소망을 주었으며 그들 자신이 스스로 문제를 극복할 수 있도록 용기를 준 것이다. 정신적인 불구는 육체적인 불구보다 더 무섭다. 그것은 믿음을 잃게 하고 성장을 멈추게 한다. 때로 육체적인 불구를 가진 사람들이 정신적인 불구의 상황까지 직면하여 어려움을 겪곤 한다.

사울은 이스라엘의 왕이었다. 그는 보통사람들보다 머리가 하나 더 컸던 사람이다. 그는 건장한 외모에도 불구하고 겁쟁이였으며 비겁한 사람이었다. 때로 당신은 외적인 능력과 개인적인 아름다움에 가려져서 자신의 진정한 모습을 보여 주지 못할 때가 있다.

어느 아름다운 여성은 25살의 젊은 나이에 자살을 하였다. 4번씩이나 불행한 결혼을 했던 그녀는 자신의 속마음을 친구에게 털어놓았다.

"사람들은 나의 내면보다는 겉모양을 사랑하고 있어. 나는 그 사실이 너무나 슬퍼."

당신은 어떤 약한 부분을 가지고 있는가? 사도 바울도 자신은 육체의 가시를 가지고 있다고 말했다. 그러나 사도 바울은 이 약함을 통하여 하나님의 능력을 분명하게 체험했다고 말했다. 바울은 하나님께 자신의 약한 부분을 없애 달라고 간청하기도 했다.

하나님은 "나의 은혜가 너에게 족하다. 나의 능력이 약한 데서 온전하여 진다."고 말씀하셨다. 그래서 바울은 "나의 약함을 자랑하고 그리스도의 능력을 내가 의지한다."고 고백했다.

이것은 참으로 흥미를 자아내는 생각이다. 인간의 연약함에도 불구하고 또한 그 연약함이 무엇이건 하나님의 능력과 아름다움은 분명히 나타난다. 그 말은 얼굴이 평범하게 생겼을 때 삶에서 아름다움이 있다는 말이다. 육체적인 연약함에도 불구하고 능력이 있음을 말한다.

　육체적인 질병이 있음에도 불구하고 용기와 성실함이 있다. 외모를 바꾸려는 사람들에게 정말 필요한 것은 내면에서 시작되는 성실과 인격의 힘이다. 육체적인 장애나 어려움을 가지고 있을 때 그것이 어떤 것이건 당신에게는 두 가지 선택이 있다. 실패와 약점을 변명하거나 기댈 수 있는 버팀목을 사용할 수 있거나 하나님께 당신의 약함을 극복하도록 도와달라고 기도하며 도전할 수 있다.

　우리는 자신이 연약하다고 믿는 것만큼 우리의 믿음으로 자신을 강하게 할 수 있다. 바울의 비결은 당신의 비결이다. 그는 "내가 나를 강하게 하시는 그리스도를 통하여 모든 것을 할 수 있다."고 말한다. 모든 것을 다르게 만드는 것은 하나님의 능력과 도우심이다.

어머니의 기도

1921년 오크라호가 코게타에 젊은 어머니는 아직 태어나지도 않은 자신의 아이를 주님께 드리기로 작정하고 기도하였다. 아이가 태어났을 때 부모들은 그 아이의 이름을 윌리암 브라이트라고 지어 주었다. 어린 윌리암은 영적인 일에는 별로 관심이 없었다. 그러나 그의 어머니는 아들을 위해 열심히 기도하였다.

윌리엄은 1943년 대학을 졸업하고 돈을 벌기 위하여 로스앤젤레스의 서쪽으로 떠났다. 그곳에서 자신을 자동차에 태워 주었던 사람의 집에서 하루 밤을 지내게 되었다. 공교롭게도 그 집은 네비게이터의 창설자이며 지도자인 더우슨 트로츠만의 집이었다. 윌리엄은 그날 저녁 그 집에서 네비게이터를 섬기는 사람들을 만났다. 다음날 윌리엄은 돈을 벌기 위해 떠나야 했고 그들을 머릿속에서 잊었다.

윌리엄이 이렇게 시간을 보내는 동안에도 어머니는 계속해서 아들을 위해 기도하고 있었다. 윌리엄은 처음으로 음식 관련 사업을 시작했는데 머지않아 많은 돈을 벌었다. 그리고 땅 주인인 헨리의 끈질긴 초청으로 할리우드 장로교회에서 그의 딸 미어스가 인도하는 대학생, 전문직에 종사하는 젊은이들의 모임에 참석하게 되었다. 그곳에서 그는 자신처럼 이기적이거나 계산적이지 않은 삶을 살며 성공적이고 지적인 영감을 주는 사람들에 감명을 받게 되었다. 그리고 미어스 박사의 설교에 깊은 감동을 받았다.

윌리엄은 자신의 삶에 무엇인가가 빠져 있다는 것을 깨닫기 시작했다. 미어스 박사의 가르침으로 특별한 도전을 받은 그는 하나님 뜻의 중심에서 행복을 찾는 것에 대한 강의를 들으며 자신의 내적인 행복을 갈망하기 시작했다. 그는 후에 이렇게 회고했다.

"나는 미어스 박사의 강의를 듣고 돌아온 날 밤 침대 옆에 무릎을 꿇었습니다. 그리고 미어스 박사가 우리에게 기도하라고 도전을 준 그 질문을 다시 되새겨 보았습니다. '주님, 당신은 누구십니까? 당신은 내가 무엇을 하기를 원하십니까?' 어떤 면에서 이것은 구원을 위한 나의 기도였습니다. 이것은 신학적으로 매우 깊이 있는 것은 아니지만 하나님은 나의 심령을 아시고 내 안에 무슨 일이 일어나고 있는가를 알고 계셨습니다. 나는 성경공부를 통해서 예수님이 하나님의 아들이심을 믿게 되었습니다. 그리고 그 분은 나의 죄를 위하여 돌아가셨습니다. 미어스 박사는 우리와 함께 이 사실을 나누면서 만일 내가 주님을 나의 구세주로 영접하기를 원하면 주님은 나와 함께 계심을 일깨워 주었습니다."

많은 기도 후에 윌리엄과 그의 아내 보네뜨는 대학생들을 복음화 시키기 위한 꿈을 추진하기 위해 신학교를 떠나야 한다는 결심을 했다.

윌리엄은 그의 사업체를 팔고 그 사업체에서 한 블록 떨어진 곳에 집한 채를 빌렸다. 몇 달 사이에 250명의 학생들이 모였다. 학생회 회장, 학교 신문 편집장, 그리고 우수한 운동선수 몇 명이 그들의 삶을 예수님께 드렸다.

그리고 대학생선교회는 각 대학에 빠른 속도로 퍼지기 시작했다. 1953년 8월 28일, 대학생선교회는 공식적인 법인단체가 되었다.

윌리엄 브라이트의 비전과 사역은 대학성 선교회를 세상에서 가장 큰 초교파 선교단체 중의 하나로 만들어 놓았다. 가장 근본적인 선교 목적 중 하나는 "예수" 영화의 보급이었다. 4,000만 명의 사람들이 650개의 언어로 이 영화를 보았으며 이 영화를 보고 1979년 이래 무려 1억 2,100명이 회개하였다고 한다. 윌리엄 브라이트의 어머니의 기도는 상상을 초월하여 응답을 받았다.

기도의 힘

윌리엄 케리
(William Carey,
1761–1834)

　　윌리엄 케리는 현대 선교의 아버지라고 불린다. 그는 1761년 영국 노스햄톤 근처에서 태어나 14세 때부터 28살 때까지 구두수선공의 일을 하였다. 케리는 18살에 중생한 후부터 구두수선 일을 끝내고 저녁마다 여러 곳을 순회하며 말씀을 전하기 시작했다.

　　19세였던 1781년 집주인의 처제인 도로스 파라켓과 결혼했는데 그는 아내를 '돌리' 라고 불렀다. 그녀는 남편보다 6살이나 연상이었고 남편과 맞는 것이 거의 없었다. 케리는 독학을 하여 라틴어를 12살에 마쳤고 희랍어, 히브리어, 불어, 그리고 네델란드어에 이르기까지 모든 언어를 통달하였다. 이러한 케리와는 달리 돌리는 전혀 글을 읽을 수 없는 문맹이었다. 그녀는 사인을 하라고 하면 엑스자만 쓸 정도였다.

　　1785년 케리는 작은 침례교회 목사가 되었다. 목회를 하면서도 케리는 가족을 부양하기 위해 구두수선공의 일을 계속했다. 목회를 하면서 케리는 이방인을 향한 선교가 교회가 감당해야 하는 중요한 임무라는 것을 깨달았다. "쿡 선장의 항해기"라는 글을 읽고 난 뒤에 케리의 가슴은 해외 선교에 대한 열망으로 점점 뜨거워졌다. 그러던 어느 날 케리는 구두수선공의 수입으로는 그의 가족들이 가난에서 도저히 헤어날 수가 없다고 생각했다. 새로운 삶의 전환이 필요했다. 그때 케리는 해외선교에 대한 부르심을 깨닫고 있었다.

1892년 케리는 노팅검의 침례교연합회에서 해외선교의 필요성에 대해 말씀을 전했다.

"하나님께로부터 위대한 일을 기대하십시오. 하나님을 위해 위대한 일을 시도하십시오."

그의 설교에 감동을 받은 목사들이 새로운 선교회를 만들 것을 결의하고 '침례교 선교회"를 결성했다. 이 선교회가 현대 선교의 시작이었다. 케리를 비롯해 대부분의 목사들이 자신의 생계도 쉽게 해결하지 못하던 시대였는데 돈이 더 들어가는 해외선교에 뛰어든다는 것은 큰 모험이었다. 케리도 그 모험에 뛰어들었다. 다음해 케리는 그 선교회의 파송으로 인도에 갔다.

처음에 아내 돌리는 그와 함께 인도로 가는 것을 반대했다. 그녀는 두 아들인 베드로와 야베즈와 함께 영국에 남기를 원했다. 케리는 그의 6살 난 아들만큼은 데리고 가기를 고집하였다. 케리의 마음을 바꾸게 하지 못한 돌리는 결국 세 아들과 함께 전 가족이 엄청난 인도 선교에 같이 동행하게 되었다. 하지만 인도에서 막내 피터가 이질로 사망하자 돌리는 거의 제 정신을 잃었다. 그녀는 남편이 다른 여자와 간통을 하였다는 망상에 빠져 거리에서 그를 쫓아다니며 비난하였다. 이런 상황에서 케리는 아내를 감금할 수밖에 없었다. 케리는 처절한 고통을 겪어야 했다. 가족을 황폐하게 하는 심각한 문제들이 발생하고 어린 아이들에게도 나쁜 영향을 주기만 했다. 케리의 자녀들은 어린 시절에 가족이라는 것을 모르고 자랐다. 그들은 스스로 자라야 했다. 그의 아버지는 그들을 사랑하였지만 너무 바빠서 그들을 돌볼 만큼 마음의 여유가 없었다.

1812년 6월 24일, 케리는 영국으로 돌아와 20주년 사역 기념회를 침례교 선교본부에서 가졌다. 존 라이랜드는 윌리엄 케리에게 침례를 베푼 목사로 그날 저녁 설교를 했다. 그가 설교를 마치면서 윌리엄 캐리의 아들 중 19세짜리 야베즈가 보낸 편지를 꺼냈다. 그 편지 내용은 자신이 그리스도와 연합한 생활을 하지 않기 때문에 인도에서 아버지가 몹시 가슴 아파한다는 내용이었다. 케리는 아들의 영적인 곤고한 상태를 위하여 수년간 기도하고 있었다. 그리고 영국에 있는 많은 기도의 협력자들에게 자신을 위하여 기도해 달라고 부탁하였다. 그는 호소했다.
"형제들이여, 야베즈의 회개를 위하여 잠시 뜨거운 기도를 드립시다."
그곳에 참석했던 성도 중에는 이 기도의 부탁이 마치 천둥소리와 같이 성도들에게 떨어졌다고 했다. 야베즈의 구원을 위하여 기도할 때 머리를 숙이고 있던 약 2,000여 명의 성도들이 합심하여 기도했다.
다음 번 인도에서 선교회로 도착한 편지에는 야베즈 케리가 최근 그리스도를 영접했다는 소식이 들어 있었다.

당신은 구원받지 못한 친구나 친척들을 위하여 기도하고 있는가? 만일 그렇지 않았다면 지금 윌리엄 케리가 그의 아들을 위해 수년간 기도했던 것처럼 기도하라. 소망이 없어 보일 때조차도 말이다. 그리고 당신이 기도해야 할 사람들을 하나님께 부탁하라. 그들의 구원을 위하여 당신과 함께 기도할 사람들에게 기도를 부탁하라. 시간에 관계없이 계속 기도하라.

17년 동안의 기도

오스왈드 스미스
(Oswald j. Smith,
1889~1986)

로버트 리 장군은 1807년 버지니아에서 태어났다. 그의 아버지는 유명한 혁명전쟁에서 기갑장교를 지냈으며 버지니아 주지사를 지내기도 했다. 1829년 로버트는 육군사관학교를 2등으로 졸업하고 소위로 임관이 되었다.

조지 워싱턴은 로버트의 우상이었는데 조지 워싱턴의 증손녀 메리 커티스가 알링턴 하우스에서 살고 있었다. 그 집은 지금도 워싱턴 DC를 바라보는 알링턴 국립묘지 언덕 위에 자리 잡고 있다.

리 장군 집안과 커티스 집안은 가까운 사이는 아니었다. 하지만 로버트는 메리를 만나자마자 사랑에 빠졌다. 그리고 그들은 1831년 6월 30일에 결혼날짜를 잡았다. 메리는 그리스도를 영접한 지 얼마 되지 않았는데 결혼날짜가 다가오자 로버트의 영적인 상태에 관심을 갖게 되었다. 결혼을 앞두고 메리는 자신의 죄에 대하여 고민하기 시작했다. 그리고 마침내 이런 고백을 하였다.

"하나님이 원하신다면 나의 삶 속에 있는 모든 것을 하나님을 위하여 포기하는 마음을 갖겠습니다."

그 후 그녀는 "내게 기쁨과 평화가 찾아왔다."고 고백했다. 그녀는 곧 로버트에게 보내는 편지를 보냈다.

"하나님이 당신의 심령을 바로잡게 해 달라고 끊임없이 기도합니다."

그러나 불행히도 로버트는 결혼할 때까지 심령의 변화를 느끼지 못했다. 그는 결혼식 주례 설교가 마치 죽음의 영장을 읽는 것처럼 들렸다고 농담하곤 했다. 결혼한 지 17년이 지난 후에야 볼티모어에서 놀라운 설교를 듣고 아내 메리가 기원하던 축복된 확신을 찾게 되었다. 그는 하나님께 순복하는 것이 삶의 문제 해결이라는 것을 확신하게 되었다고 아내에게 말했다. 그 간증을 들었을 떠 메리는 너무 감격했다. 그때 로버트는 이런 놀라운 말을 했다.

"나의 믿음은 그리스도의 사랑 안에 있소."

남북전쟁이 일어났을 때 링컨 대통령은 로버트 리 장군을 유니온 군대의 사령관으로 임명했다. 비록 리 장군은 노예제도와 연방탈퇴를 반대했지만 그는 자신이 소유하고 있던 노예를 해방시켜 주었다. 그에게 우선은 자신이 충성하고 사랑하는 버지니아였다. 그는 버지니아는 독립전쟁에서 자유를 위해 싸운 주이므로 남부에 가담하기로 결단을 내렸다. 이 전쟁은 제2의 독립전쟁으로 알려졌다.

1864년 결혼 33주년 기념일에 로버트 리 장군은 피더스버그에 방어진지를 구축하고 있었다. 이 진지는 9개월 동안 연방군에게 포위되어 있던 곳이다. 그는 여름 동안 병으로 고생하는 아내에게 결혼기념일 편지를 썼다.

"어제 당신의 편지를 받고 무척 기뻤소. 또한 당신의 몸이 좋아진다고 하니 참으로 기쁘오. 당신은 계속 회복될 것이고 평소처럼 건강해질 것을 믿고 있소. 하나님은 그의 때에 완전히 당신을 회복시켜 주실 것이오. 당신은 33년 전 이 기쁜 날을 기억하고 있소? 하나님은 너무나 많은 소망과 기쁨을 우리에게 주었소! 하나님은 우리에게 늘 사랑을 베푸셨고 늘 자애로우셨소. 그런데 나는 얼마나 감사치 못하고 죄를 짓고 살았는지 모르오. 나는 하나님께서 우리에게 계속해서 사랑과 축복을 주시기를 기도한다오. 이 세상에서 함께 나눌 평화와 안식을 우리에게 계속해서 주시기를 기도하며, 마지막으로 다가올 주님 나라의 그분의 보좌 주변에서 하나님께서 주실 모든 것과 우리를 함께 불러 주시기를 기도하고 있소. 대통령께서 곧 도착할 것이오. 이만 편지를 마쳐야 할 것 같소."

당신은 예수님을 믿지 않는 당신의 가족을 위하여 기도하고 있는가? 메리 리는 남편이 구세주를 영접하기까지 17년 동안 기도하였다. 그리고 낙심하지 않았다. 기다림은 끝까지 포기하지 않는 하나님께서 가르쳐 준 희망의 도화선이다.

군대에 불붙은 기도

J. W. 존스 목사는 남북전쟁 동안 북 버지니아의 육군 군목으로 있었다. 그는 『야영 속에서의 그리스도』라는 저서를 통해 하나님께서 남부군 사이에 어떻게 역사하셨는지를 적고 있다. 그것은 제퍼슨 데이비스가 1863년 8월 21일에 요청한 기도와 금식의 날로부터 시작되었는데, 수천 명의 사람들이 회개하고 그리스도께로 돌아왔다. 남부의 수장인 데이비스의 요청에 대한 회답으로 로버트 리는 다음과 같은 명령을 내렸다.

남부 대통령이 남부 국민의 이름으로 21일을 겸손과 기도, 금식의 날로 정하였다. 우리 육군의 장교와 사병들은 이날을 철저히 지키도록 한다. 이 날은 모든 군이 절대적으로 지켜야 할 임무를 제외하고는 모두 휴무다.

우리는 전능하신 하나님에게 죄를 범하였다. 우리는 하나님이 보여 주신 선하심을 잊고 있었다. 우리는 복수하려고 하는 마음, 교만한 마음, 오만한 마음을 키워 왔다. 우리는 하나님

의 보호하심의 눈길을 기억하지 못하고 있고 우리 시대가 그
분의 손 안에 있다는 것을 잊고 있었다.

또한 자신들의 독립을 성취하기 위하여 군대의 힘을 너무 많
이 의지하고 있다. 하나님은 우리의 유일한 피난처이며 힘이
시다. 그 분 앞에 겸손하자. 우리의 여러 가지 죄를 회개하고
우리에게 더 큰 용기와 순수한 애국심을 달라고 하나님께 간
청하자. 우리가 결단을 내리면 내릴수록 하나님께서는 우리
들의 적의 심령을 변화시켜 줄 것이다. 슬픔과 고통의 전쟁을
하나님께서 단축시켜 주실 것이다. 그리고 하나님은 지상의
열국 가운데 우리에게 나라 이름과 거할 곳을 주실 것이다.

로버트 리 장군

금식을 선포한 날은 거의 모든 육군 안에서 실행되어졌다. 군인들이
금식과 설교와 기도를 행할 수 있도록 시간을 자유롭게 주었다. 군대는
리 장군의 믿음에 깊은 감명을 받았다. 다음은 1863년 8월 21일에 하리
목사가 쓴 편지의 일부분이다.

"스미스 여단과 어리스의 사단과 한 주간을 보낸 것은 나의 기쁨이
었다. 나는 그들에게 매일 설교하였다. 육군 전체에 신앙부흥이 일어나
고 있었다. 많은 사람들이 하나님을 의지하였다."

또한 제 7 플로리다 연대 군목은 다음과 같이 기록하고 있다.

"지난 밤 15명이 침례를 받았다. 매일 밤 20여 명의 군인들이 어떻게
하여야 구원을 받을 수 있느냐고 물었다."

제 10 알라바마 연대의 군목은 이렇게 기록하고 있다.

"설교 후 100여 명의 갈급한 영혼들이 밤새도록 기도하였다. 부흥의

역사가 가정에도 임하였다고 「리치몬드 크리스천」지는 보도하였다.”

남부군에는 부흥의 역사가 수 년 동안 없었다. 오순절 불의 역사가 막사를 밝혀 주었다. 회개하는 많은 죄인들이 즐거워하며 천사들의 날개 그늘 밑에서 잠들었다. 집에 있던 사람들은 그들의 심령 속에 같은 은혜가 불붙는 것을 느끼기 시작했다.

집을 나간 아들이 “자신의 심령을 주님께 드렸다.”고 말하며 연락을 해 오자 부모들은 하나님을 찬양했다. 열두 살짜리 아이가 밝은 낮으로 이렇게 말했다.

“나의 아버지가 회개하셨어요. 엄마가 오늘 편지를 받았는데 아버지가 연대 안에서 큰 부흥의 역사가 일어나고 있다고 전해 주셨대요.”

이 얼마나 영광스러운 소식인가! 기도가 응답되고 주님이 우리와 함께 계신다는 것이 최고의 증거다.

하나님의 백성이 기도할 때 그 분은 기도를 들으시고 그들의 정치와 상관없이 응답해 주신다. 끊임없이 기도함으로 오늘 당신 자신을 하나님께 다시 한 번 헌신하라. 그러면 하나님께서 들으실 것이다.

좋은 일로 **이끄시는 하나님**

"당신들은 나를 해하려 하였으나 하나님은 그것을 선으로 바꾸
사 오늘과 같이 많은 백성의 생명을 구원하게 하시려 하셨나니"
(창 50:20)

데이비드 브레너드는 1718년 코네티컷에서 태어
났다. 그는 1739년 예일대학에 들어가기 직전 그리스도께 돌아오는 놀
라운 체험을 하였다. 예일대학에서 데이비드의 생활은 참으로 어려움
이 많았다. 하버드대학에 유니테리안 교도(Unitarian: 삼위일체를 인정하
지 않음)들이 있었는데 이들이 예일대학에까지 침투되었다. 대학 안에
많은 신앙 훈련 프로그램들이 있었지만 실제로 학생들에게는 큰 영향
을 주지 못했다. 학생들은 여가시간에 술을 마시거나 노름을 하였고 때
로는 마을사람들을 괴롭히기도 했다.

1740년 8월 데이비드의 지도교수는 그가 피를 토하는 것을 알았다.
그는 폐결핵 초기였던 것이다. 지도교수는 그에게 집으로 돌아가 건강
을 회복하도록 권유하였다. 데이비드가 집에서 쉬고 있는 동안 성공회
복음주의자인 25세의 조지 화이트필드가 예일대학에서 설교하였다. 그
해 11월에 데이비드는 학교로 돌아왔고 이듬해 2월 이후로 조지 화이
트필드의 설교는 뚜렷한 열매로 나타나기 시작했다. 3월에는 아일랜드
계 미국인 복음주의자 길버트 테난트가 설교하여 학생들에게 커다란 영

향을 주었다.

그러나 토마스 크랩 대학 총장과 이사들은 부흥전도자들을 좋지 않게 생각했다. 그들은 1741년 9월에 대각성 운동을 지지했던 학생들을 비난하며 다음과 같은 성명을 발표했다.

"이 대학에서 학장이나 총장 또는 지도교수들을 위선자 혹은 육적인 존재들, 또는 회개하지 않은 자라고 지탄하는 학생에게는 첫 번째는 공개사과를 시킬 것이고 두 번째는 퇴학시킬 것입니다."

당시 3학년이었던 데이비드는 그의 학우들과 영적인 것에 대하여 몇 시간씩 토론하곤 하였다. 하루는 어떤 교수에 대해서 토론하고 있는데 데이비드의 친구 중 한 명이 그 교수에 대해서 어떻게 생각하고 있느냐고 물었다. 데이비드는 자기의 생각을 솔직히 말했다.

"이 의자와 마찬가지로 그에게는 은혜가 없다."

이 말을 들은 신입생에 의해서 크랩 총장이 사실을 알게 되었고 곧바로 데이비드는 호출되었다. 총장은 데이비드에게 자신이 한 말을 시인하고 학생회에서 공개 사과하도록 말했다. 그러나 데이비드는 자신이 개인적인 의견을 말한 것을 가지고 그렇게 한다는 것은 부적당하다며 공개사과를 거절하였다. 데이비드의 크랩 총장에 대한 반항 행위였고 총장은 데이비드를 즉시 퇴학시켰다.

코네티컷에서 활동하고 있는 어떤 목사도 예일과 하버드 또는 유럽에 있는 대학을 졸업하지 않으면 교회에 부임할 수 없다는 법이 통과되었다. 데이비드는 대학에서의 제적 처분 때문에 하나님께 부름 받은 소명을 감당할 수 없었다. 데이비드는 총장과 이사회에 편지를 썼다. 자신은 죄를 뉘우치고 공개사과를 할 것을 약속하는 내용이었다. 그러나 그의 호소는 받아들여지지 않았다. 하지만 하나님께서는 그의 영광과 데이비드를 위하여 그 상황 속에서 역사하셨다. 대각성 운동에 함께 했던 사역자들이 데이비드에게 설교할 수 있는 자격증을 부여하고 미국 인디언의 선교사로 임명하였다.

그는 죽기 전까지 매사추세츠, 뉴저지, 펜실베니아 인디언들에게 대각성 운동의 불을 붙였다. 데이비드를 예일대학에서 제적시킴으로 인해 그의 사역은 저 멀리 인디언들에게까지 복음을 전할 수 있게 하였다.

예일대학을 졸업한 조나단 딕킨슨과 아론 버 시니어 그리고 장로교 목사들은 데이비드의 노력에 관심을 갖고 예일대학에 다시 입학시키려고 하였지만 거절당하였고 그들은 대학에 환멸을 느꼈다. 결국 데이비드의 제적으로 예일대학에서 장로교도들의 불만이 고조되었고 자신들의 대학을 세울 것을 결의하게 되었다.

후에 프린스턴대학이 된 뉴저지대학은 29세였던 데이비드가 최후 몇 달간 살았던 그의 집에서 시작되었다. 데이비드는 그 대학 최초의 학생이었다. 데이비드가 예일대학으로부터 제적당했던 것이 프린스턴대학 설립을 촉진시켰던 것이다.

하나님께서 좋지 않은 일을 좋은 일로 만드시는 상황을 당신은 체험해 보았는가? 구약의 요셉은 형제들에 의해 노예로 팔려갔으나 애굽의 2인자가 되는 결과를 낳았다. 아마 당신의 삶에서 나쁜 경험이 아직 어떤 좋은 것으로 나타나지 않았을지도 모른다. 당신의 상황 속에서 하나님께 영광 돌릴 수 있도록 기도하기 바란다.

살레모의 기적

어느 누구도 리즈 호웰스가 세계에 큰 영향을 주
리라고 생각한 사람은 없을 것이다. 1879년 웰스라는 마을에서 태어난
그는 12세가 되어서야 학교에 들어갔고, 22세가 될 때까지 동네 깡통
공장에서 일을 했다. 몇몇 친구들이 미국으로 떠났고 리즈 자신도 언젠
가는 미국으로 가리라는 결심을 하고 있었다. 리즈는 사촌이 펜실베니
아에 살고 있었기 때문에 그곳 깡통 공장에서 일할 수 있으리라 생각하
며 그곳으로 갔다.

리즈가 펜실베니아에 있을 때 유대인 그리스도인인 마우리스 루우
벤이 자신의 회개에 대해 간증하는 것을 듣기 위하여 감리교회에 참석
했다. 루우벤은 후에 그 때를 이렇게 회상했다.

"저는 십자가를 보았습니다. 구세주의 발 앞에서 수많은 시간을 보
낸 것 같았습니다. 저는 울고 또 울었습니다. 그 분이 저를 위하여 돌아
가신 것을 깨달았기 때문입니다. 주님은 저에게 말씀하셨습니다. '보
라! 내가 문 밖에 서서 문을 두드린다. 내가 루우벤에게 들어간 것처럼
너에게 들어가도 되겠느냐? 나를 영접하겠느냐?' 제가 '예! 주님, 들어

오세요.' 라고 대답하자 주님은 순간적으로 제게 들어오셔서 저를 변화시키셨습니다. 저는 다른 세계에 태어났습니다."

1904년 리즈는 변화된 사람이 되어 웰스로 돌아왔다. 그리고 지역 광산촌에서 일자리를 찾았다. 그 시기는 리즈가 더욱더 변화된 시기이기도 했고, 웰스 전역에 부흥의 불길이 번지기 시작한 때였다.

리즈는 부흥집회에 열성적으로 참석하였다. 얼마 후 그는 결혼을 하였는데 하나님께서 그를 남아프리카로 광부로서 그리고 선교사로서 부르셨다. 하나님은 리즈를 웰스로 불러들여 기도와 믿음 가운데 성서대학을 시작하도록 하셨다. 하나님께서 도우시는 기적의 연속으로 1924년 웰스에 성서대학이 문을 열었다. 이 학교는 기도로 운영하는 것은 물론 학생들의 삶이 기도의 삶이 되도록 초점을 맞추었다.

제 2차 세계대전이 유럽에서 시작되었을 때 로즈는 대학에 전폭적인 기도의 지원을 요청하였다. 시간마다 하나님은 전쟁에 대하여 학생들의 기도에 응답하셨다. 1943년 9월 9일, 학생들은 아침 일찍 기도회로 모였고 오후 9시 45분에 두 번째 기도모임이 있었다. 그 기도모임에서 로즈는 이렇게 말했다.

"주님이 우리에게 살레모의 침공에 대하여 두 번 모이는 기도회에서 기도하도록 하십니다. 나는 우리의 아군이 어려움을 겪고 있는 것을 알고 있습니다. 주님은 우리가 기도하지 않으면 그들이 어려움에 처할 것이라고 말씀하셨습니다."

모든 사람들은 무릎을 꿇고 하나님께서 개입하여 달라고 간절히 기도했다. 밤 11시쯤 되었을 때, 갑자기 그들의 입에서 찬송과 기쁨의 함성이 동시에 터져 나왔다. 하나님께서 이태리 살레모에서 기적적인 역사를 행하셨다는 믿음이 그들의 마음속에 임하였기 때문에 찬송을 드리며 기뻐했던 것이다. 그들은 모두 기대하며 한밤중에 뉴스를 들었다. 아나운서는 만일 기적이 일어나지 않는다면 연합군들은 바다 가운데로 퇴각하여야 한다고 말했다. 리즈 호웰스가 주님으로부터 들었던 경고였다.

리즈는 다음날 뉴스에서 "살레모의 기적"이라는 머리기사를 읽었다. 그 기사에는 첫날 나치군의 대포 공격이 너무 심하여 만일 기적이 일어나지 않는다면 교두보를 구축하지 못하는 일이 발생할 것이라는 보도였다. 그런데 알 수 없는 이유로 갑자기 적의 폭격이 멈추었다. 그 때가 밤 11시였다. 살레모 교두보는 구축되었다. 역사의 주인으로서 하나님은 목적과 마찬가지로 수단도 준비하신다. 살레모에서의 하나님의 마지막 목적은 연합군의 승리였다. 하나님이 사용하신 방법은 리즈 호웰스와 그의 학생들의 기도였다.

당신은 하나님께 너무 많은 것을 요청한다고 생각하여 기도하기를 머뭇거리고 있는가? 하나님은 주차장을 찾는 것처럼 쉽게 군대의 승리를 위한 요청에 응답하셨다. 당신을 짓누르는 문제들이 있다면 인생의 모든 답을 가지고 계신 하나님 앞에 모든 것을 내려놓고 기도하라.

"너희가 얻지 못함은 구하지 아니하기 때문이요, 구하여도 받지 못함은 정욕으로 쓰려고 잘못 구하기 때문이다"(약 4:2-3)

기도의 응답

림 청의 아버지는 캄보디아에 있는 절에 찾아온 사람들에게 은으로 세공하여 만든 우상을 팔며 생계를 유지하였다. 림은 자라면서 아버지가 만드는 우상에 대하여 많은 생각을 하였다. 그 작은 우상들이 할 수 있는 것과 할 수 없는 것들에 대해서 말이다. 그는 사람들이 그 우상들에게 기도하는 것을 보면서 과연 이러한 것들이 기도에 응답을 줄 수 있는 것인가에 대해 궁금해 했다.

12세가 되던 해 림은 불교 승려인 삼촌을 찾아갔다. 그리고 삼촌에게 기도에 응답받은 적이 있는지를 물었다. 삼촌은 확실한 응답을 받았다고 말하지 못했다.

림은 똑같은 질문을 선교사에게 했다. 그 선교사는 주저하지 않고 하나님께서 기도에 응답하는 예가 수없이 많다고 대답했다. 그러면서 그 선교사는 그리스도 예수 안에서 하나님의 크신 사랑에 대해 계속해서 증거하였다. 림은 기도에 응답하시는 살아계신 하나님을 섬기기로 결심하였다. 그리고 집으로 돌아와서 아버지께 그의 생각을 얘기했다. 아버지는 크게 화를 내며 당장 집을 떠나 예수와 함께 살라고 호통을

쳤다.

림은 하나님을 새롭게 알게 된 때가 바로 그때였다고 회상한다. 이제 겨우 12살의 소년이 집을 떠나 무엇을 할 수 있었겠는가? 과연 하나님께서 그를 돌보셨을까? 물론 하나님께서는 그를 돌보셨다. 림은 프린스 샤우노크 고등학교를 졸업하고 대학에서 전액 장학금을 받기를 원했으나 거절당했다. 그는 하나님께서 그를 부르신다는 것을 깨닫고 신학대학에 들어갔다. 그리고 졸업 후 결혼을 했고 캄보디아에서 목회자가 되었다.

1964년 선교사들은 캄보디아를 떠나라는 철수 명령을 받았지만 림은 두려워하지 않고 계속해서 하나님의 사역을 하였다. 나중에는 풀려났지만 투옥되기도 했다. 림의 가족들에게는 무슨 일이 일어났는가? 그의 어머니와 형제들은 예수님을 따르게 되었다. 은으로 우상을 만들던 그의 아버지도 많은 생각을 했는데, 하나님께서 자신이 일생 동안 만든 우상들보다 더 크신 분이라는 것을 깨닫게 되었다. 나이 많은 아버지는 예수 그리스도를 그의 구세주로 섬기게 되었던 것이다.

얼마 후 림이 자신의 집을 사서 이사할 대 아버지는 도와주지 않았다. 아버지는 확신에 찬 목소리로 림에게 말했다.

"하나님이 너를 도와주시도록 하여라. 하나님은 반드시 너를 도와주실 것이다."

오늘날 림은 목사로서 캄보디아인들에게 하나님의 사랑을 방송으로 전파하고 있다. 캄보디아에서는 더 이상 종교적인 자유가 존재하지 않았기에 직접적인 목회를 할 수가 없었다. 그러나 12살의 소년을 돌보았던 하나님께서는 여전히 그를 돌보고 계셨다.

당신의 삶은 어떤가? 당신이 섬기는 하나님이 정말 당신에게 응답을 하신다고 고백하실 수 있는가, 아니면 림의 삼촌과 같은 고백을 하겠는 가? 당신은 신앙생활을 함에도 불구하고 모든 것을 하나님께로부터 직접 듣지 못해서 확신할 수 없는가? 만일 당신이 체험하지 못했다면 다음 성경말씀을 가슴에 깊이 새겨라.

"나의 하나님이 그리스도 예수 안에서 영광 가운데 그 풍성한 대로 너희 모든 쓸 것을 채우시리라."(빌 4:19)

당신이 하나님의 자녀이고 당신의 삶을 바꾸셨다면 기도에 응답하시는 하나님께서 분명히 계신 것이다. 림 청은 하나님을 믿고 풍부한 응답을 받은 사람들은 하나님께서 계속 사랑으로 돌보신다는 것을 깨달았다.

그리고 당신도 같은 응답을 받을 것이다. 하나님은 우리의 선 때문에 응답하시는 것이 아니라 그리스도 예수 안에서 우리의 위치로 인하여 응답하신다. 당신이 감옥에 갇혀 있다면 믿음으로 일어설 수 있는 기도의 약속의 기도는 어떤 것이 있는가?

일주일에 한 번은 적어도 마태복음 11장 24절과 함께 당신에게 깊은 은혜를 주는 성경구절을 암기할 것을 결심하고 목록을 만들어라. 당신의 기도 중 응답받은 한 가지를 얘기해 달라고 누군가가 묻는다면 어떤 대답을 하겠는가?

하나님의 시간을 살다 간 사람들

경건의 유산

"곧 그의 언약을 지키고 그의 법도를 기억하여 행하는 자에게로다"

(시 103:18)

제임스 허드슨 테일러
(James Hudson
Taylor, 1832–1905)

제임스 테일러는 자신의 결혼식 날 동이 트기도 전에 일어났다. 이른 새벽 깊은 생각에 빠져 곡간에서 밀을 타작을 하고 있을 때 그의 마음은 이상하게도 하늘을 향해 끌려가고 있었다. 그는 하나님을 모르고 있었던 사람인데 계속해서 '나와 내 집은 주님만을 섬길 것이다.' 라는 말이 그의 마음속에서 맴돌았다. 태양이 정오로 넘어가는 것도 모를 만큼 그는 볏짚단 위에서 무릎을 꿇고 기도하기 시작했다.

제임스가 기도하는 동안 하나님은 그를 이 세상에서 영생의 길로 인도하셨다. 그가 기도를 마치고 일어났을 때 거듭난 것이다. 그리고 자신의 결혼식에 늦었다는 것을 깨닫고 곡간에서 뛰어나와 그로이덴의 눈 내린 골짜기 긴 언덕 아래로 향했다. 우렁차게 울리는 종소리가 제임스 테일러와 베티 존슨의 결혼식에 사람들을 초대를 하고 있었다.

제임스 테일러는 영국 북쪽 마을인 오크셔에서 온 젊은 석수공이었는데 그는 일생 동안 예수님 말씀을 들었다. 그는 교회 종을 치고 로이스톤 교구에서 성가대원으로 봉사하였지만 하나님을 알지는 못했다. 그런데 하나님께서는 알 수 없는 방법으로 그를 깨우고 계셨다. 그것은 이웃의 극적인 회개에 대하여 그 마을의 교구 목사님으로부터 매주 들었던 복음서 이야기일지도 모른다.

또한 제임스 테일러는 작은 오두막에 살고 있던 조셉과 엘리자베스 쇼가 부르는 찬송가가 산마루를 건너 바람을 타고 울려 퍼지는 것을 듣곤 했다. 엘리자베스는 한때 류머티즘에 걸렸었다. 그러나 그녀가 전적으로 하나님을 신뢰하면서 기도로 매달리자 하나님께서 즉시 치료하셨다고 확신하고 있었다.

한여름의 축제가 열렸을 때 젊은 테일러는 혁신적인 감리교의 존 웨슬리가 "다가올 진노"에 대하여 열심을 내지 않는 성도들을 향해 담대하게 경고하는 것을 진지하게 들었다. 그의 신부 베티 존슨은 감리교도와 결혼할 생각조차 하지 않았었다. 그러나 대영제국과 아일랜드를 휩쓸었던 영광스러운 부흥의 일부로서 그녀는 남편을 따라 하나님 나라까지 임하게 되었다. 하나님의 영이 사회 각층의 사람들 가운데 강하게 역사하고 계셨던 것이다. 이러한 자신에게 일어난 심각한 사건이 있은 몇 년 뒤 제임스 테일러는 석수공을 그만두었다.

이들 젊은 부부는 광산촌 부근으로 이사했고 그곳에서 결국 감리교 설립자가 되었다. 영적으로 저항하는 영국의 한 지방에서의 충실한 사역은 테일러 집안을 그리스도인으로서 헌신하는 든든한 기초가 되었다.

1832년 5월의 어느 날 오크셔의 늦은 겨울의 눈을 따뜻한 봄볕이 녹일 때 어린아이가 태어났다. 석수공이었고 감리교 목사였던 제임스 테일러의 증손자가 태어났다. 중국 오지에서 첫 번째 신교도 선교사가 된 제임스 허드슨 테일러다. 허드슨 테일러의 이야기는 예수 그리스도의

교회의 역사에서 거대하고 영광스러운 것이었다. 마치 구약에서 하나
님이 아브라함을 경건한 가정의 선조로 택하시고 부르신 것처럼 하나
님은 제임스 테일러를 택하시고 부르셨으겨 개인적인 관계를 가지고
세계를 변화하는데 돕도록 경건한 가정을 만드셨다.

만일 당신이 경건한 유산을 가진 가족의 일부라면 그것으로 인하여
하나님을 찬양하라. 그렇지 않다면 그러한 유산을 지금부터 달라고 하
나님께 간구해야 할 것이다.

힘과 용기를 주는 기도

고등학교를 마친 후 하라란은 집을 떠나 직장을 찾기 위하여 도시로 갔다. 그곳에서 같은 고향에서 온 크리스토를 만나게 되었고 그들은 작은 방에서 함께 지내게 되었다.

어느 날 저녁 크리스토는 철저히 무신론자인 하라란을 침례교회에 초청하였다. 그 날 하라란은 아름다운 음악과 설교자의 지성에 큰 감탄을 했다. 집으로 돌아오면서 그는 내내 '하나님은 정말 존재하는 것일까?'에 대해서 곰곰이 생각했다. 이 질문에 대한 답을 얻도록 하기 위해 크리스토는 하라란을 그의 친구인 베트로푸에게 소개해 주었다.

베트로푸는 예수님이 그에게 어떤 의미인지를 설명해 주었는데 그 설명하는 베트로푸의 모습이 마치 하나님의 사랑이 비추어 반사되고 있는 것처럼 보였다. 하라란은 하나님이 존재하고 계신 것이 분명하다고 믿었다.

베트로푸와 많은 시간을 보낸 하라란은 나중에 독일어와 영어로 강의하는 신학교에 등록했다. 그리고 스웨덴 출신의 크리스천 여인과 사랑에 빠졌고 그들은 결혼을 하였다. 그의 고향 불가리아로 돌아온 그는 목회를 하며 복음 전도자로 사역하였다.

1944년 러시아가 독일을 공격했고 1947년에는 불가리아가 공산 독재 하에 들어가게 되었다. 1948년 7월 24일 새벽 4시, 하라란의 집 초인종이 울렸다. 경찰이 들이 닥쳤고 무조건 하라란을 잡아 감옥으로 끌고 갔다. 그들은 하라란을 밤새도록 움직이지도 못하게 세워 놓고 취조하였다. 그리고 8월 5일에는 독방에 보내서 24시간 내내 벽만 보고 서 있게 하였다.

그렇게 14일 동안 그는 움직이지도 못하고 음식을 먹지도 못하고 계속 벽만 쳐다보며 취조를 당하고 얻어맞는 고통을 받아야 했다. 그가 죽음 직전에 이르렀을 때에야 보초들은 그에게 물과 음식을 주었고 그가 눕는 것을 허락하였다. 하라란은 이제 이 고통이 끝날 것이라고 생각했다.

그러나 8월 20일, 보초들은 그가 첩자임을 시인하라며 총구를 그의 머리에 대었고 5초 동안의 여유를 주었다. 장교가 4초를 센 후에 머뭇거리고 있을 때 하라란은 성령의 힘에 끌려 큰 소리로 말했다.

"망설이지 말고 방아쇠를 당기시오."

자백을 받으려고 했던 장교는 그의 갑작스런 용기에 충격을 받았다. 가느다란 줄 위에 서 있는 인형처럼 느껴진 하라란은 울면서 하나님께 외쳤다.

"하나님, 저는 죽음을 맞이하려고 합니다."

하라란은 다시 감옥으로 보내졌고 그 곳에서 계속 고통과 괴로움을 당했다. 그러나 그곳에서 그는 오히려 죄수들을 그리스도께로 인도하는 즐거운 나날을 보냈다. 그리고 그가 체포된 지 13년 2개월 만에 풀려나게 되었다. 석방된 그는 가족들과 함께 있기를 바랐으나 그의 가족들은 그가 감옥에 있는 동안 종교와 정치의 자유를 찾아 스웨덴으로 이미 망명하고 없었다.

그는 지하교회를 조직하고 성도들을 위하여 성경 출판을 도우며 지칠 줄 모르고 일했다. 그는 불가리아를 떠나 가족들을 만나기 위하여 스웨덴으로 떠날 것을 결심했다. 그리고 그곳에서 스웨덴에서 성경을 불가리아로 보내는 일을 하고자 했다.

공산주의자들이 그에게 여권을 내어 발급해 준다는 것은 기적이라는 것을 알고 있었고 수백 명의 성도들이 뜨겁게 기도했고, 그 또한 얻을 수 있도록 적극적으로 노력했다. 그런데 어떤 이유에서인지 그가 자유롭게 떠나도 좋다는 통보를 받았다. 1962년 12월 31일, 하라란은 그의 아내와 가족들을 다시 만났다. 14년 반이라는 세월이 흘러 이제 그들은 다시 자유로운 나라에서 만나게 된 것이다. 하라란은 철의 장막에서 억압당하는 그리스도인들의 대변인이 되었다. 그가 역경에 처해 거듭해서 기도할 때마다 하나님께서는 그에게 힘과 용기가 주셨던 것이다.

어린 시절의 **도전**

'내 영혼아 네가 어찌하여 낙심하며 어찌하여 내 속에서 불안해 하는가 너는 하나님께 소망을 두라 그가 나타나 도우심으로 말미암아 내 하나님을 여전히 찬송하리로다'(시 43:5)

빌 하이벨스
(Bill Hybels,
1952-   )

매년 여름 방학 때 어린 학생들은 캠핑을 가거나 각종 프로그램에 참여한다. 크리스천 가정의 자녀들은 이 기간 동안 캠프에 참여하여 하나님에 대하여 배운다. 2-3주간의 캠프생활은 어린아이들에게 매우 좋은 경험을 하게 해 준다.

빌의 부모도 이것을 생각했던 것 같다. 하지만 자신의 아들 중 하나가 캠프에서 커다란 꿈을 갖고 수많은 영혼들에게까지 영향을 줄 수 있는 기회를 갖게 되리라고는 미처 생각하지 못했다.

빌은 미시간에서 성장하였다. 아버지는 성공적으로 공장을 운영하고 있었고 집안에서는 당연히 빌이 가업을 이어 받을 것이라고 생각하고 있었다. 아버지는 시간과 기회가 날 때마다 빌에게 사업상의 기술과 운영방법을 가르쳤다.

빌은 유치원에 다닐 때부터 매주 토요일다다 아버지와 함께 회사에 출근했다. 그곳에서 야채를 엄선하고 냉장고에 얼려져 있는 콩을 깨끗하게 닦아냈다. 초등학교 때 또래의 아이들이 장난감 차를 가지고 놀

때 빌은 트럭 운전하는 것을 배웠다. 빌에게 자신감과 적자생존의 기술을 가르치기 위해 아버지는 도착지에서 25마일 떨어진 곳에서 내리도록 해서 기차 여행을 시키기도 했고 콜로라도로 스키 여행을 보내기도 했다. 빌은 열 살의 나이로 혼자서 그러한 여행을 했다. 7학년 때는 친구들과 미시간 호수를 작은 가족 보트로 횡단하기도 했다.

빌은 성장하면서 더욱더 활동 범위가 넓어졌고 더욱더 열심히 일했다. 고등학교 때 그는 매주 금요일 밤 미시간을 떠나 회사제품을 가져오기 위해 플로리다의 중간지역까지 갔다가 월요일 아침 첫 수업에 맞춰 돌아오곤 했다. 학교수업이 끝나면 가족 농장에서 농장 일군들을 관리했다.

그는 모험도 즐겼다. 16세의 소년으로서 혼자 경비행기를 타고 비행하기도 했다. 얼마 후에는 유럽과 아프리카를 8주간 홀로 여행하라는 티켓도 주어졌다. 하지만 이러한 것들은 빌의 삶의 목적의 관심사가 아니었다. 예정대로 하나님은 그의 영혼에 서서히 밭을 갈고 계셨다. 매년 여름 빌은 위스콘신에서 열리는 교회 캠프에 참여하였다. 17살 때 그는 근본적으로 하나님의 사랑을 이해하게 되었고 자신을 그리스도께 헌신하게 되었다. 후에 빌은 그해 여름의 체험을 이렇게 기록하고 있다.

> "저는 가슴이 폭발할 것 같았습니다. 저는 그러한 사랑을 이
> 해할 수 없었습니다. '정말 믿을 수 없는 사랑이야. 이 하나님
> 의 사랑이 너무 좋아. 믿을 수 없을 정도로. 이 사랑이 진실이
> 라면 아마 지상에서 가장 위대한 사랑일 것이야.' 라고 저는
> 혼자 중얼거렸습니다."

빌의 선한 삶에 대한 열정과 그리스도께 헌신하려는 마음이 함께 공존하는 것 같았다. 그러나 시간이 조금씩 지나자 미래에 대한 그의 계획이 희미해지기 시작했다. 이러한 문제는 가장 결단하기 어려운 일이었다. 빌은 대학생이 되어 캠프에 참여했을 때는 구조대원으로, 그리고 성경공부 지도자로 봉사하였는데 어느 날 청소년 감독인 아트라는 사람이 빌을 구석으로 불러내서 이렇게 물었다.

"빌, 너는 너의 삶을 어떻게 보내고 있니?"

"일도 조금 하고 조금 놀기도 하고 주말에는 데이트도 합니다. 그리고 주일에는 교회에 가지요."

"빌, 진지하게 생각해 봐. 너의 삶에서 중요한 일이 무엇을 하는 것인지, 네가 하는 일이 영원히 지속할 수 있는 것인지를."

이번에는 빌이 쉽게 대답하지 못했다. 그러나 그 질문이 계속 뇌리 속을 파고들었다.

어느 날 밤 짧은 시간에 변화가 일어났다. 빌은 아버지 친구이자 남미에서 사역하고 있는 선교사를 만나기 위해 리오 데 자네이로에 있는 코파카바나 해변이 바라다 보이는 식당에 앉아 있었다. 식사를 하면서 그는 옆에서 노인 부부가 이야기하는 소리를 들었다. 그들은 열심히 일하고 살아온 생애와 외국 여행과 고급 식당에서 식사를 하는 것이 결국 최고라고 자축하고 있었다. 그날 밤 그는 방으로 돌아와 무릎을 꿇고 기도했다.

"하나님, 이러한 것보다 더 많은 일을 할 수 있도록 하여 주시옵소서."

35년 후 빌의 기도는 이루어졌다. 오늘날 빌은 일리노이 주 바링톤에 있는 북미 전체에서 가장 큰 윌로우 크릭 커뮤니티 교회를 설립하고 담임 목사로 시무하고 있다. 매주일 약 1만7,000명이 예배에 참석하고 있다. 그는 세계적으로 '구도자' 운동의 선봉자로 알려져 있다. 현재 윌로우 크릭 협회에 속해 있는 5,500개 이상의 교회가 신약적 기독교 신앙에 관련된 빌의 비전에 함께하고 있다.

대부분의 어린 학생들은 캠프를 가서 새로운 친구들과 사귀며 사진을 찍고 즐거워한다. 그러나 하나님은 그 곳에서 하나님의 능력을 보이신다. 도전장이 제시되어지고 그 도전장이 받아들여질 때 교회사의 새로운 얼굴이 나타난다.

빌 하이벨스가 목회를 시작한 것은 일리노이 주의 파크 리지에 있던 학생담당 전도사로서였다. 3년 동안 사우스 파크 교회는 1,200명의 고등부 학생들이 생겼다. 일 년이 지난 후 윌로우 크릭 커뮤니티 교회는 한꺼번에 1천 명이 예배를 드렸다.

빌은 수많은 책을 썼다. 『인생 경영』, 『아무도 보는 이 없을 때 당신은 누구인가』, 『너무 바빠서 기도합니다』, 『섬김』, 『사랑하면 전도합니다』등 한국어로 30여 종이나 출판되었다. 또한 『교회의 재발견』과 『핏 투 비 타이드』는 그의 아내 린과 함께 저술한 책이며 『전파하는 그리스도인』이라는 책은 마크 미틀버그와 함께, 『지도자의 마음』과 『책과 함께 하는 지도력』이라는 책은 캔 브란차드와 함께 저술했다.

빌은 시카고 베어스와 5년간 팀 목회자로 사역하기도 했다. 그는 부인과 대학생 자녀를 두고 있으며 그들은 활기찬 윌로우 크릭 교회에서 일하고 있다.

하나님의 뜻이 이루어지도록

오스왈드 스미스
(Oswald j. Smith,
1889-1986)

1871년도에 드와이트 L. 무디는 시카고에서 잘 알려진 복음주의 지도자였다. 7년 전 1864년 27세의 무디는 일리노이 스트리트 교회를 창설하였다. 오늘날 그 교회가 바로 무디 기념교회이다.

1860년대 말 그는 시카고의 YMCA 회장으로 봉사했으며 3,000명을 수용할 수 있는, 미국 내에서 제일 큰 YMCA 건물인 페어웰 강당을 짓는 일에 주된 역할을 하였다. 무디는 일리노이 스트리트 교회의 출석자가 넘쳐나자 페어웰 강당에서 주일 밤 설교를 하였다.

당시 무디는 하나님께 받은 소명으로 인해 고민하였는데 YMCA를 통해서 사회적인 신앙 인사가 되는 것과 복음전도자가 되는 것에 대한 결정을 놓고 큰 갈등을 하고 있었다. 깊은 고민에 빠지면서 무디는 하나님께서 자신을 미국 전역에 복음을 전하는 전도자로 부르신다는 것을 알았다. 그러나 자신의 의지가 시카고에 대한 계획에 쏠려 있었기 때문에 복음전도자의 길을 피하려고 하였다. 그가 내적인 갈등을 하고 있는 동안 그의 설교 능력은 점점 약화되기 시작했다. 그런데 그 교회에 사라 앤 쿡과 학스허스트 부인이 찾아오면서 이러한 문제가 특별하게 해결되었다.

쿡은 최근에 영국에서 이민을 왔는데 자유 감리교회에 출석하고 있었다. 그들은 무디에게 성령의 불과 세례가 필요하다고 확신하였다. 두 여인은 무디를 위해서 열심히 기도했다. 무디가 설교할 때 그들은 맨 앞줄에 앉아 내내 기도했다. 여인들은 무디와 함께 그들의 관심을 나누었고 드디어 매주 금요일 오후에 무디와 같이 기도하는 시간을 갖게 되었다. 깊은 영적 좌절에 빠져 있던 무디는 마침내 1871년 10월 6일 성도들과 함께 기도하던 중 마룻바닥을 뒹굴며 눈물범벅이 되어 성령세례를 간구하였다. 10월 8일 주일 밤 페어웰 강당에서 "주가 나를 부르시면 구세주를 위하여 내가 무엇을 할까?"라는 주제의 설교를 하면서 마지막에 이렇게 말했다.

"이 본문 말씀을 집에 가지고 가시기를 바랍니다. 일주일 동안 이 말씀을 마음에 새기시고 다음 주일에는 갈보리 십자가 앞으로 나아가 나사렛 예수를 위하여 무엇을 할 것인가를 결정하시기 바랍니다."

무디의 설교가 끝나자 찬양 인도자 생키는 다음과 같은 찬송을 불렀다.

"오늘 예수께서 피난처로 오라 부르시네……."

그때 갑자기 소방차가 지나가며 울리는 사이렌 소리로 찬송가 소리가 들리지 않았다. 거리에서 소란스러운 소리가 들렸고 무디는 급히 예배를 마쳤다. 무디와 생키가 뒷문으로 나갔을 때 남서쪽 하늘에 강한 바람을 타고 불길이 번지는 것을 보았다. 시내 쪽에서 불어오는 그 바람은 마치 태풍과 같았다.

무디는 교인들을 급하게 집으로 돌려보냈다. 그 불길은 수요일까지 계속 꺼지지 않고 타올랐다. 불길은 무디의 집은 물론 일리노이 스트리트 교회와 페어웰 강당도 몽땅 태워버렸다.

시카고에서 무디와 관련된 것은 모두 재가 되어 버렸다. 오직 무디를 시카고에 묶어 두었던 것은 그 자신의 의지뿐이었다. 몇 주 후 복잡한 시카고의 거리를 걷고 있던 무디는 그를 묶어 두었던 사슬인 자신의 의지를 꺾고 하나님 앞에 굴복했다.

무디는 19세기 말, 영어권 세계에서 가장 복음적인 전도자로서 세워지게 되었다. 그는 100만 마일 이상을 여행했으며 12만 명의 사람들에게 음성으로, 문서로 복음을 전했다. 시카고의 화재가 난 지 21년이 지났을 때 무디는 말했다.

"제가 다른 세계에서 성도들을 만날 대까지는 다시는 성도들을 만날 수 없을 것입니다. 그러나 제가 그날 밤 배운 한 가지 교훈을 말씀드리겠습니다. 저는 결코 잊을 수 없습니다. 그것은 제가 설교하던 바로 그때 그 자리에서 사람들이 하나님 앞으로 나오도록 결단해야 한다는 것을 강조하는 것이었습니다. 한주일 내내 그날 밤 그것을 생각하고 말하는 사람들을 위해 저는 수없이 하나님께 용서해 달라고 간구했습니다."

우리가 기도할 때 우리의 뜻이 아닌 하나님의 뜻이 이루어지도록 기도하는 것이 가장 중요하다. 하나님은 우리가 그의 뜻을 따르기를 원하신다. 무디는 어려운 방법으로 이 교훈을 배웠다.

너의 명철을 의지하지 말라

"너는 마음을 다하여 여호와를 신뢰하고 네 명철을 의지하지 말라"(잠 3:5)

『피난처와 능력』이라는 책에서 고 푸안 생은 2차 세계대전 중 가족들과 함께 필리핀 정글에서 일본군을 피하여 죽음의 위기 속에서의 지낸 4년 동안의 생활을 얘기하고 있다.

그 책을 자세히 검토하여 보았던 연합통신은 생의 저서가 옛날의 상처를 건드리려는 것이 아니라 세상에 절대적이고 온전한 믿음을 알린다고 말했다. 또한 하나님이 주시는 약속의 말씀이 어려운 위기를 헤쳐 나가기에 충분하다는 것을 말한다고 했다.

2차 대전이 터지기 전 생은 《푸키엔 타임스》라는 마닐라를 중심으로 영향력을 발휘하는 중국어 신문의 발행인이었다. 전쟁이 시작되고 생은 필리핀을 공격하는 일본군에 대해 강력한 저항을 시작했다.

1941년 12월, 마닐라가 함락되었고 생은 자신이 지명수배자 명단에 끼어 있다는 것을 알았다. 침략자들에 대한 그의 격렬한 사설과 웅변술을 보고 친구들은 그를 "지미 고"라고 불렀다. 그의 상황은 겨우 목숨을 지탱할 정도였다. 그러나 끊임없는 생명의 위협에도 불구하고 하나님은 생에게 그를 보호하고 인도하신다는 확신을 주었다. 그는 가족들과 함께 마닐라에서 30마일 떨어진 정글 속으로 피신한지 얼마 지나지 않아 절망에 처해 있는 자신에 대해 필사적으로 하나님께 간청하기 시작했다. 그리고 정글의 고요함 속에서 하나님은 생을 만나 주셨다.

그 순간부터 생, 아니 지미 고는 결코 절망하지 않았다. 가끔 적들이 생을 잡으려 숲을 헤치며 가까이 다가오는 소리를 들을 때가 있었다. 그리고 생의 가족들이 열심히 기도하며 간구할 때 하나님께서는 그들이 무사히 적진을 통과하도록 역사하셨다. 심지어 그들이 마차를 타고 지나갈 때도 그들을 찾으려는 일본군들이 그들이 탄 마차를 그냥 통과시키며 손을 흔들어 주기도 했다.

지미 고가 전혀 손을 쓸 수 없는 것처럼 보인 환경 속에서 특별한 인도를 받은 것은 하나님의 말씀을 통해서였다. 생은 그가 야마시타의 전쟁터에서 포위되었을 때를 예를 들어 설명했다.

"1944년, 퇴각하는 일본군 병사들이 서부지역으로부터 산 속으로 몰려 들어왔습니다. 본능적으로 우리는 동쪽으로 피신해야 했습니다. 계속해서 깊은 산 속으로 들어가고 일본군과의 거리가 점점 멀어져 갔습니다. 우리는 하나님께 기도했습니다. 기도의 응답은 여호수아서에 나와 있었습니다. 여호수아서에는 '해안가 서쪽으로 가라'고 기록되어 있었고 나는 도망하는 일행들에게 서쪽으로 가자고 했습니다. 그러나 일행들은 나의 의견에 반대했고 그 중 10명은 서쪽 대신 동쪽으로 가 버렸습니다. 그리고 그들은 다시는 돌아오지 못했습니다. 남은 우리들은 서쪽으로 갔습니다. 그리고 전방에서 퇴각하는 일분군들을 만났지만 그들은 우리를 해치지 않았습니다."

4년 동안 온갖 견디기 어려운 상황 속에서도 그때마다 하나님 안에서 그들은 피난처와 하나님의 능력을 발견하였다. 생과 그의 가족들은 정글 속을 통과할 수 있게 하신 하나님을 결코 잊을 수가 없다. 전 세계의 언론을 통하여 그들에게 주어진 영예는 하나님께서 우리를 인간의 논리에 어긋나게 인도하시는 것처럼 보인다. 하지만 인간의 명철을 의지하지 말고 마음을 다하여 하나님을 의지하면 하나님께서는 우리를 도우신다는 것을 알 수 있다.

어느 날 지미 고가 선교사와 함께 점심식사를 한 후 복잡한 백화점을 걷고 있었다. 그리고 작별인사를 하는 선교사에게 지미 고는 이렇게 말했다.

"선교사님, 저를 위해서 기도해 주시겠습니까?"

그가 기도하자 2-30명의 사람들이 몰려들며 미국인이 중국계 필리핀 인을 위하여 기도하는 모습을 호기심 있게 쳐다보았다.

한 사람이 우리의 피난처이며 우리의 능력이신 하나님을 발견하였을 때는 다른 어떤 것도 중요하지 않으며, 하나님께서 항상 우리를 인도하고 보호하신다는 것이 중요할 뿐이다.

그를 위해 기도하십시오

"그러므로 너희 죄를 서로 고백하며 병이 낫기를 위하여 서로 기도하라 의인의 간구는 역사하는 힘이 큼이니라"(약 5:16)

어느 추운 날 아침 영국 베드포드 근처의 한 마을에 사는 미세스 시몬이라고 하는 미망인은 주인을 앞서 달리는 사냥 개를 바라보면서 작은 오두막 집으로 향했다. 그녀는 늘 말을 타고 지나가는 어린아이들에게 손을 흔들어 주는 것을 좋아했다.

어느 날 아침, 그녀는 사냥을 즐기는 폴힐 터너라고 하는 사람의 자녀들이 물에 빠질 것이라는 이상한 생각이 들었고 기도해야 된다고 느꼈다. 그러한 생각들이 지워질 무렵 예수님께서는 그녀에게 터너의 자녀들을 위하여 기도하라는 강한 암시를 주셨다. 그녀는 매일같이 그들을 위하여 기도했다.

폴힐 터너는 의회의 일원으로서 여섯 명의 자녀들을 데리고 커다란 주택에서 사는 부자였다. 내니 레드 쇼라는 가정부가 자녀들을 돌보았다. 그는 계획 있고 규모 있는 삶을 살았고 세 아들에 대한 장래의 계획도 이미 세워 놓고 있었다. 장남은 유산을 상속받을 것이고, 둘째는 영국군에 입대할 것이며, 막내아들 아더는 목회자가 될 것이라는 계획을 갖고 있었다. 하지만 막내인 아더는 자라면서 어릴 적 가졌던 믿음이 점점 희미해져 갔다. 그는 내니가 어려서 성경 이야기를 들려주며 예수님이 친구라고 말해 주었던 것을 기억하고 있지 않았다.

두 가지의 사건이 젊은 아더 폴힐 터너의 잘 정돈된 삶을 뒤흔들어 놓았다. 첫 번째 사건은 늘 사냥과 파티만을 즐기던 그의 큰누이가 그러한 것들을 그만두고 예수님을 믿겠다고 선언한 것이다. 그녀는 베드포드에서 열린 전도 집회에 참석했고 그곳에서 예수님을 구세주로 모시게 되었다. 그러나 오랫동안 미세스 시몬과 내니가 그녀를 위해서 기도하고 있었다는 사실은 몰랐다.

두 번째 사건은 상당히 충격적인 것으로 아더가 고등학교 졸업반 때 아버지가 세상을 떠나신 것이다. 이듬해 아더가 캠브리지 대학에 입학할 때까지도 아버지의 죽음은 그에게 계속해서 영향을 주었다. 대학 2학년 때 그의 학교에 복음전도자인 D. L. 무디가 찬송인도자 아이라 생키와 함께 온다는 광고를 보았다. 그는 교육도 제대로 받지 못한 이 두 사람이 캠브리지에 온다는 것이 우습게 여겨졌다.

첫 번 집회가 주일날 있었다. 아더는 호기심에서 그 집회에 참석했다. 많은 학생들이 모였고 분위기가 약간 어수선했지만 그는 설교를 들으려고 애썼다. 매일 밤 열린 집회는 목요일 밤 분위기가 바뀌었다. 예배 마지막 날에 학교에서 똑똑하다고 이름나 있는 학생들이 예수를 영접하고 회개하기 위여 집회 인도자의 방으로 찾아가기로 했던 것이다. 그날 밤 무디는 돌아온 탕자에 대한 설교를 하였는데 설교를 듣고 난 아더는 삶의 공허함을 느꼈다. 방으로 돌아온 그는 예수님께 자신의 전체를 드린다는 의미가 무엇인지를 생각하며 두려워했다. 그렇지만 예수 그리스도를 믿어야만 한다는 사실을 깨달으며 금요일과 토요일 계속해서 그 집회에 참석하였다.

한 주 지난 주일날 아더는 다시 한 번 그 집회에 참석했다. 무디는 이사야서 12장 2절 말씀을 그의 설교에 인용하였다.

"보라, 하나님은 나의 구원이시라. 내가 신뢰하고 두려움이 없으리니 주 여호와는 나의 힘이시오, 나의 노래시며, 나의 구원이심이라."

갑자기 아더의 귀에 그의 심령으로부터 노래처럼 계속해서 나오는 찬송가 가사가 울렸다.

"주님, 당신은 나를 위해 피 흘리셨습니다. 오, 하나님의 어린 양이여! 내가 나아갑니다."

예배가 끝날 무렵 무디는 모든 사람들에게 한 주간 동안 축복받은 사람들은 믿음의 증거로서 일어서라고 말했다. 이백 명이 넘는 사람들이 일어섰고 그 중에는 아더 폴힐 터너도 있었다. 하나님은 그를 중국으로 인도하셨고 남은 그의 생애 동안 선교사로 일했다.

당신의 마음속으로부터 멀어져 갔던 사람은 없는가? 아마 하나님께서는 그 사람을 위해서 기도하라고 당신을 재촉하실 지도 모른다. 이 이야기 속에 나오는 기도했던 두 여인은 하나님의 계획의 중요한 역할을 감당하였다. 우리가 기도할 때 하나님은 기도할 수 있도록 특권을 주신 것을 기뻐하신다. 그리고 기도한 사람들을 기억나게 하실 것이다.

미지의 세계로 향하며

크리스토퍼 콜럼버
스 (Christopher
Columbus, 1451–
1506)

1492년 크리스토포로 콜롬보라는 소년이 이태리
제노바에서 태어났다. 우리는 그를 '크리스토퍼 콜
럼버스'로 알고 있는데 여행자들의 보호자인 성 크
리스토퍼의 이름을 본 딴 것으로 '크리스토퍼'라는 말은 '그리스도의
사자'란 뜻이다.

당시 사람들은 자신들의 이름의 의미를 진지하게 여겼다. 콜럼버스
는 그의 이름이 바다를 건너 그리스도를 알지 못하는 사람들에게 그리
스도를 알려야 하는 의미로 생각했다.

20세가 되었을 때 콜럼버스는 이미 포르투갈 해안에서 배가 파선되
는 경험을 하였다. 육지로 돌아온 후 그는 형과 함께 포르투갈 수도인
리스본으로 갔다. 1484년 두 형제는 지도 작성자로 취직했다. 그는 동
양으로 가는 지름길이 서쪽이라고 확신하게 되었다. 카나리아 섬에서
일본까지는 약 2,760마일 거리라고 계산하였다. 그것은 분명히 잘못된
계산이었다. 그러나 하나님께서는 콜럼버스가 일본이 있을 것이라고
생각한 곳으로부터 150마일 떨어진 곳을 발견하는 것이 얼마나 중요한

것인지 알고 계셨다.

콜럼버스는 동양까지 갈 수 있는 경비를 포르투갈 왕인 요한 2세에게 요청하였으나 거절당했다. 그는 하나님께서 스페인 왕이 그의 후원자가 되기를 원하고 계신다는 확신이 들었다. 그래서 스페인으로 갔다. 당시 스페인은 카스티야와 아라곤으로 나누어져 있었는데, 카스티야 여왕 이사벨라 1세와 아라곤 왕 페르디난드 1세가 카스티야를 공동으로 통치하고, 아라곤은 페르니난드 1세가 단독 통치를 하고 있었다. 이사벨라와 페르디난드는 해양 진출에 큰 관심을 갖고 있었기 때문에 콜럼버스를 만나자 바로 후원자가 되기로 하였다.

1492년 8월 3일 동이 트기 전 콜럼버스는 선원들을 기다리며 산타마리아호의 갑판 위에 무릎을 꿇고 성찬식에 임했다. 미래의 꿈을 함께하고자 하는 두 형제 마틴 선장과 빈센트 핀잔 선장이 각각 핀타호와 니나호를 운행하며 산타마리아호와 동행했다. 미지의 세계를 향하여 항해를 할 때 콜럼버스는 그의 일기장에 성경구절을 적어 놓았다.

"섬들아, 내게 들으라. 먼 곳 백성들아 귀를 기울이라 여호와께서 내가 태에서부터 나를 부르셨고 내 어머니의 복중에서부터 내 이름을 기억하셨으며 그가 이르시되 네가 나의 종이 되어 야곱의 지파들을 일으키며 이스라엘 중에 보전된 자를 돌아오게 할 것은 매우 쉬운 일이라. 내가 또 너를 이방의 빛으로 삼아 나의 구원을 베풀어서 땅 끝까지 이르게 하리라"(사 49:1,6)

10월 9일, 콜럼버스와 마틴, 그리고 빈센트 핀잔은 긴급회의를 열었다. 두 형제는 콜럼버스에게 즉시 스페인으로 돌아가지 않으면 선원들이 폭동을 일으킬 것 같다고 두려워하며 경고하였다. 콜럼버스는 3일의 여유를 달라고 하였고 10월 12일까지 그들이 찾는 땅을 발견하지 못한다면 돌아갈 것에 합의하였다.

　다음날 항해는 어려움을 겪었고 하루에 몇 마일밖에 갈 수가 없었다. 그날 콜럼버스는 그의 선원들로부터 공개적인 도전을 받았다. 1492년 10월 11일, 선원들은 몹시 초조해 하며 분노하고 있었다. 그러나 콜럼버스는 하나님께서 곧 약속의 땅을 주실 것이라고 확신하고 있었다. 그런데 핀타가 물 속에서 사람 모습과 똑 같은 작은 나뭇조각과 갈대가 보인다고 소리쳤다. 그러자 니나호에서도 작은 장미 나무 가지를 발견했다고 전해 왔다. 선원들의 분위기는 바뀌었다. 그들의 눈은 지평선을 뚫어져라 바라보았다. 콜럼버스와 선원들은 몇 분간 잠시 반짝이다가 사라진 빛을 밤 10시에 보았다. 다음날 새벽 2시, 셋째 날 즉, 약속한 마지막 날의 동이 트기 4시간 전에 핀타호로부터 외치는 소리가 들려왔다.

　"육지다. 육지가 보인다."

　달빛 속에서 그들은 희미하게 해안가의 절벽을 볼 수 있었다.

　콜럼버스는 그 육지에 발을 디딘 첫 번째 사람이다. 콜럼버스는 그 섬을 거룩한 구세주라는 뜻인 "산 살바도로"라고 명명하였다. 그들은 모래 위에 무릎을 꿇고 눈물을 흘렸다. 그리고 콜럼버스는 이렇게 기도했다.

　"주님, 전능하기고 영원하신 하나님, 거룩한 말씀으로 천지와 바다를 창조하시고 축복과 당신의 이름을 찬양하며 당신의 위대함을 찬미합니다. 주님은 우리가 사용할 수 있도록 해 주셨습니다. 보잘것없는 종이 지구의 다른 편 쪽에서 당신의 거룩한 이름을 선포하게 하시옵소서."

가까이 계신 하나님

"하나님이여 우리가 주께 감사하고 감사함은 주의 이름이 가까움이라 사람들이 주의 기이한 일들을 전파하나이다"(시 75:1)

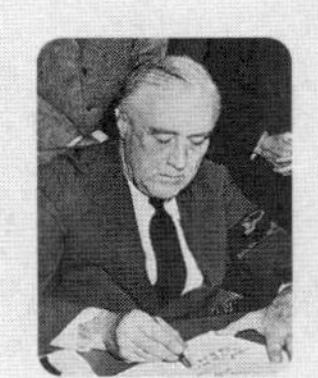

프랭클린 루즈벨트 (Franklin Delano Roosevelt, 1882–1945)

제 1차 세계대전 중 프랭클린 데라노 루즈벨트 대통령은 워싱턴 D.C.에 있는 성 토마스 성공회 교회의 교인이었다. 하지만 그는 대통령으로 당선된 후 교회에 거의 출석하지 못했다. 그 교회에서는 빨간 양탄자를 깔고 그의 좌석을 따로 마련하고 그를 기다리고 있었지만 그는 오히려 백악관에서 예배드리는 때가 많았다. 그가 공적인 인물이었지만 믿음은 루즈벨트 개인적인 것이었다. 그는 이런 말을 한 적이 있다.

"나는 대통령이라는 생활의 어항 속에서는 모든 것을 할 수가 있습니다. 그러나 그곳에서 기도할 수 있다면 할 것입니다. 그러나 의자에 앉아 다른 사람들이 보는 그때 나는 기도하기 힘들 것입니다."

어느 해 크리스마스 이브에 성 토마스 성공회 교회사무실로 한 통의 전화가 걸려왔다.

"목사님, 크리스마스 이브 예배가 오늘 저녁에 있습니까?"

목사님이 예배가 있다고 대답하자 전화를 건 사람은 다시 물었다.

"오늘 저녁 루즈벨트 대통령도 참석할 것이라고 기대하십니까?"

목사님은 '전화를 한 사람이 대통령을 보려고 하는구나.' 하는 생각이 들었다. 그래서 이렇게 대답했다.

"실은 저도 장담할 수 없습니다. 저는 오늘 저녁 대통령의 스케줄을 알 수 없기 때문입니다. 그러나 저는 하나님께서 오늘 저녁 확실히 우리 교회에 오실 것이고 우리는 그 분의 임재하심이 많은 성도들을 오게 하실 것이라는 것을 알고 걱정하지 않습니다."

그리스도께서는 우리 기도하는 사람들과 늘 함께 하신다. 오늘 그분이 가까이 계셔서 당신의 목소리를 듣고 계심을 감사하며 찬양하자.

아주 달콤한 소리

존 부로아더스는 버지니아 주에 있는 컬페퍼 농장에서 자랐다. 그는 가장 존경받는 설교자가 되기를 원했다. 그는 설교를 전달함에 있어서 깊은 이해와 방법, 통찰력을 알고 있었는데 그러한 경지에 이르는 것은 극히 일부의 설교자들만이 터득할 수 있는 것이다. 남북전쟁 기간 동안 그는 군목으로 일하였고 남부군에서 로버트 리 장군의 총애를 받았다.

존 부로아더스는 어린 시절에 주님을 영접했다. 그리고 그는 곧 빨간 머리의 친구 샌디 존스를 그리스도께 인도했다. 샌디 존스는 그리스도 앞으로 자신을 인도한 존에게 계속 고맙다는 말을 했다. 존 브로아더스 박사는 컬페퍼를 떠나 남침례교 신학교의 총장이 되었다.

매년 여름 그의 고향으로 돌아가면 깡마르고 뼈만 남아 남루한 모습으로 살고 있는 그의 빨간 머리 친구를 만난다. 그 친구는 존을 만나면 이렇게 말한다.

"잘 있었나, 존? 고맙네, 나에게 예수님에 대해 말해 주어서 고마워.”

존 부로아더스 박사는 가족과 친지들이 모인 가운데 세상을 떠나는 마지막 순간에 이렇게 말했다.

“아주 달콤한 소리를 천국에서 들을 것입니다. 기대하고 보지 못했지만 내가 섬기고 사랑하신 주님의 환영하는 소리. 그리고 나의 친구 샌디 존스가 ‘고맙네, 존, 고맙네, 존.’ 하는 소리를 들을 것을 기대합니다.”

그리스도에 대한 사람들의 간증을 들을 때 당신은 흥분하는가? 오늘 당신을 구원해 주심을 하나님께 감사해라. 그리스도 안에서 믿음으로 누군가를 구원받도록 인도할 수 있는 기회를 갖도록 해 달라고 주님께 간구하라.

인생의 클라리넷 연주자

토스카니니
(Arturo Toscanini,
1867-1957)

NBC 심포니는 창설 당시 데이빗 사르노프가 이사
장이었다. 그는 부하직원들에게 "다른 오케스트라
를 약하게 만들면서까지 단원들을 빼오지 말라."고
지시했다. 아루트로 토스카니니의 지휘 하에 새로운 오케스트라 단원
이 편성되었는데 클라리넷 주자만은 제외하였다. 토스카니니가 이 교
향악단에 들어왔을 때 모든 것이 제대로 갖추어졌지만 한 가지 준비되
지 못한 파트가 클라리넷 연주자들이었다. 클라리넷 주자들이 음악적
으로나 기술적으로 약한 편이었던 것이다. 조지 말렉 사장은 사르노프
에게 어떻게 이 문제를 해결할 것인가를 물었다.

"토스카니니 스스로 클라리넷 연주자들을 찾도록 내버려두어야 합
니까, 아니면 그에게 미리 클라리넷 연주자들의 능력이 부족하다고 말
해 주어야 합니까?"

사르노프는 토스카니니에게 말하자고 하였고 이에 NBC 오케스트라
의 가장 약한 부분이 있다는 소식을 가지고 토스카니니에게로 갔다. 그
의 발걸음은 무거웠다. 말을 꺼내기 전에 거장 토스카니니는 접견실에

서 다음과 같은 말로 말문을 열었다.

"NBC 오케스트라라는 좋은 심포니를 가지고 계시다고요? 모두 좋은데 클라리넷 주자가 약하다고요?"

"지휘자님, 어떻게 아셨습니까?"

사르노프가 놀라서 묻지 토스카니니는 웃으며 대답했다.

"밀라노에서 단파방송으로 심포니 연주를 들었습니다. 그래서 알 수 있었지요."

결론은 토스카니니가 현재 있는 클라리넷 주자들과 함께 일하기 시작하겠다는 것이었다. 클라리넷 연주자들은 토스카니니의 지도하에 곧 세계에서 가장 뛰어난 연주자가 되었다. 그리고 17년 동안 NBC 오케스트라와 함께 연주생활을 하였다.

대서양을 건너 온 단파 방송을 통해 토스카니니에게 전해 준 음악이야말로 대단한 것이다. 거장 토스카니니는 그 음악을 듣고 정확하게 그 연주에서 클라리넷 연주의 고칠 점이 무엇인가를 알아냈다.

토스카니니가 그러한 일을 할 수 있다면 하물며 하나님께서 우리의 작은 고통을 들으시고 우리의 부족한 것을 고쳐야 할 부분을 쉽게 알 수 있다는 것은 놀라운 일이 아니다. 토스카니니는 대단한 천재 음악가이긴 하지만 그 역시 인간이다. 반면 하나님은 우리의 심령에서 나오는 절규와 우리의 생각들을 모두 알고 있다. 토스카니니가 아름다운 심포니를 만들었듯이 하나님께서는 인간의 삶에 조화를 깨뜨리는 것을 변화시킨다. 화합이 우리의 삶 속에 이루어지게 하신 것은 우연에 의해서 된 것이 아니다. 지구가 생기기 전 예수 그리스도를 통하여 인간의 대속을 준비하셨을 때 하나님은 우리의 불협화음이 화음을 이루도록 준비하셨다.

삶에서의 불협화음은 하나님이 제공하신 하나님과의 교제를 거절하는 죄의 결과이다. 예수님께서는 하나님과 조화 있는 교제를 나눌 수 있도록 단절의 심연에 다리를 놓으셨다. 음악을 만드는 것은 시간이 걸리고 어려운 것이다. 하지만 조화를 이루는데 지름길은 없다.

하나님의 도우심을 깨달은 사람은 죄가 하나님과 화합을 이루게 하지 못한다는 것을 완전히 인정한 사람이다. 그리고 하나님과 화합의 삶을 살게 해 달라고 기꺼이 간청한다.

완전하지 못한 인생의 클라리넷 연주자를 오직 우리 삶의 주인이신 하나님께서만 완전한 연주자로 만들어 주신다는 것을 인정하는 사람에게는 소망이 있다. 그리고 생각할 것은 토스카니니가 연주가 불완전한 사람들을 가르쳐 NBC 심포니에서 17년 동안 일하게 하였다는 것이다. 그러나 그리스도를 구세주로 바라보는 사람들은 다릅니다. 교회는 성도들로 구성되어 있고 이 모임의 멤버십은 영원한 것이다.

우리가 선하기에 하나님께서 우리의 기도를 들어주시는가, 아니면 우리가 그분의 자녀이기에 들어주시는가? 그 분야에 탁월하지 못하다고 생각되는 사람들을 향해 인내심을 갖고 노력하라. 하나님께 당신을 도와달라고 기도하라. 그리고 토스카니니가 행한 방법을 기억하기 바란다. 그는 평범한 연주가가 탁월한 음악가가 되는 것을 도와준 사람이다.

아르투로 토스카니니가 단파 방송에서 나온 음악을 듣고 클라리넷 주자의 부족한 점을 알아차렸던 것 이상으로 하나님께서는 우리의 부족함을 모두 알고 계신다. 그 분은 누구보다도 당신을 더욱더 도와주시려고 한다.

"내가 진실로 진실로 너희에게 이르노니 한 알의 밀이 땅에 떨어져 죽
지 아니하면 한 알 그대로 있고 죽으면 많은 열매를 맺느니라"

(요 12:24)

부흥의 역사

1860년 자메이카의 그리스도인들은 전 세계를
휩쓸고 있는 부흥을 위한 기도의 불길에 대한 소식을 들었다. 그들은
기도의 필요성을 절실히 느꼈고 새벽마다 모여 기도하기 시작했다. 주
로 농장에서 일을 하는 그들은 들판으로 일을 하러 가기 전에 기도회로
모였다. 부흥을 위한 그들의 첫 번째 기도 응답은 모라비안 교회에서
이루어졌다. 모라비안들은 체코슬로바키아의 개혁주의자이며 1415년
에 순교당한 존 후스의 영적인 후예들이다. 그들은 독일의 해른후트에
거주하였고 선교사 파송 운동에 큰 역할을 했다.

데오도르 선돌만이라는 독일에서 온 모라비안 선교사가 있었다. 그
는 목회사역의 일부로 자메이카에 있는 클리프톤이라는 마을을 정기적
으로 방문했다. 그리고 선돌만은 1860년 9월부터 정기적으로 모라비안
예배를 드리기 시작했다. 찬송이 불리고 뒤이어 개회기도가 따랐다. 누
군가가 서로를 위하여 기도를 인도하였는데 심지어 어린아이들까지도
그 기도에 참석했다.

어떤 소년은 하나님께 전심으로 그의 영혼을 쏟아 기도하였다. 선돌만은 그들이 하나님께 자비를 베풀어 달라고 울면서 기도하는 모습을 보았다. 너무나 많은 사람들이 울면서 기도하였고 선돌만은 예배의 질서가 무너질까 염려했지만 세 시간에 걸친 예배는 잘 마쳐졌다.

사람들은 각자의 처소로 돌아가 계속 기도했고 선돌만은 죄의 문제로 고민하며 남아 있는 사람들을 돌보았다. 많은 기도의 모임들이 그 근방에 생겨나기 시작했다. 사람들은 진지하게 주님을 믿기 시작했다. 또한 자신들의 삶에 새로운 모습으로 나타난 현실에 대해 놀라기도 했다. 어떤 성도들은 이렇게 고백했다.

"목사님, 저는 신앙의 부흥을 위해 기도해 왔습니다. 이제 하나님은 그의 영을 부어 주셨습니다. 우리 모두가 그것으로 인하여 두려워하고 있습니다."

한 달 후에 선돌만은 삼백 명 이상의 회심자를 돌보게 되었다. 부흥의 역사는 성공회, 침례교, 회중교회, 감리교, 장로교 등 다른 교단에도 불붙기 시작했다. 11월초, 클리프턴에서 온 한 목회자는 몬테고만으로 가서 설교하면서 그 도시 전체가 부흥에 대해서 말하는 것을 들었다.

베델타운이라는 곳에서는 한 선교사가 새벽기도를 인도했는데 약 오백 명이 모였다. 그 선교사는 그 날 떠나야 했기 때문에 지역의 다른 목회자들이 저녁 모임을 갖도록 주선하였다. 그러나 새벽기도가 끝날 무렵에 사람들은 하나님의 영이 그들에게 강력하게 임하시는 것을 느꼈다. 그들은 예배당을 떠나려고 하지 않았다. 결국 선교사는 이틀 후에 떠나야 했다. 이틀 동안의 예배를 통해서 백여 명의 죄인들이 무릎을 꿇었다. 마운트 캐리 예배당에는 목사가 없었다. 그래서 그 지역의 치안국장이 그 예배에 모여든 백이십 명과 함께 주일예배를 드렸다.

작은 세 개의 마을 안에 삼천 명의 성도들이 목회자의 설교 없이 그리스도의 신앙을 깨우쳤다. 몬테고만의 감리교인들 가운데 회원은 800명이었는데 547명이 전적으로 그리스도 앞에 돌아왔다. 80개 침례교회는 그 부흥 기간 동안 1만 2,000명이 회개하였다고 보고하였다. 회중교회들은 선교국이 크게 성장하여 자신들이 교회를 스스로 운영할 수 있었기에 파송한 선교사들을 철수시키도록 하였다. 장로교들은 1860년 3,000명 이상의 회심자를 얻었다. 그리고 다음해에는 1,700명의 회심자가 생겼다. 회중교회 목사는 부흥의 결과를 이렇게 기록했다.

> "도박장과 술집이 문을 닫았고 오랫동안 헤어졌던 남편과 아
> 내가 화해를 했습니다. 방탕한 자녀가 돌아오고, 결혼식을 정
> 식으로 선서하였으며 예배하는 모든 곳이 사람들로 가득 찼
> 고, 목회자들의 열성이 활기를 띠었습니다. 교회들은 순결을
> 지켰고 많은 죄인들이 회개하였습니다."

당신은 부흥의 한 부분을 감당할 수 있는 특권을 가지고 있는가? 당신이 그런 체험을 했든지 기다리고 있든지 그들이 기도를 통해서 시작하였다는 것을 기억하는 것이 중요하다. 기도는 하나님과 함께 부르는 천상의 하모니이요, 믿음 생활의 첫 걸음이자 믿음 생활의 완성의 초석이다.

5부
그 중에 제일은
사랑이라

괴짜였던 학자

알렉산더 쿠르덴
(alexander
cruden, 1701–
1770)

정신적으로 불안정했던 알렉산더 쿠르덴은 연애에 대해서는 무지했으나 성경에 관해서는 박식한 전문가였다. 1699년, 스코틀랜드 애버딘에서 태어난 그는 그곳에 있는 마샬대학에서 석사학위를 받고 스코틀랜드 교회에서 목사안수를 받으려고 준비 중에 있었다.

그 시기에 그는 몇 차례의 신경쇠약에 걸리기도 했다. 그 원인은 사랑의 실망이었으며, 그로 인해 잠깐 정신병원에서 치료를 받았던 적도 있었다. 병원에서 퇴원한 후 그는 영국으로 이사를 했고 그곳에서 가정교사와 원고 교정을 보는 일을 하기 시작했다. 후에 그는 어느 백작의 부탁으로 프랑스 말을 번역하게 되었으나 유창하지 못한 불어 실력 때문에 해고를 당하기도 했다. 그렇게 실패를 거듭한 끝에 결국 1732년 런던에서 서점을 열게 되었다. 그 서점은 아주 성공적으로 운영이 되었고 여왕에게서 명예직을 얻었다.

1736년 그는 성경의 관주를 만드는 작업을 시작했다. 성경에 나오는 단어를 세심하게 추적하는 습관과 성경의 폭넓은 지식 때문에 그는 이 분야의 적임자로 손꼽힌 것이다. 그는 18개월 만에 초판을 완성하고 1737년 쿠르덴 관주를 출판하였다. 하지만 불행하게도 이 책은 초기에 성공적인 열매를 맺지 못했으며 그의 사업은 망해 버렸다.

이 무렵 쿠르덴은 불행한 사랑에 빠졌다. 당시로서는 사회로부터 환영받을 수 없었던 과부와 만났던 것이다. 이 사랑 때문에 쿠르덴은 다시 한번 미친 사람 취급을 받게 되었고 사설 정신병원에 감금되었다. 몇 주 후 그는 그를 묶어 놓았던 사슬을 풀고 그 정신병원을 탈출했다. 1739년 어느 날 그는 자신이 정신병원에 감금되었을 때의 일들을 담은 『엄청난 상처를 입은 영국시민』이란 작은 책자를 만들었다. 동시에 그는 그가 감금된 것에 대해 법원에 소송을 하기도 했지만 결국 패소하고 말았다. 다시 쿠르덴은 재판과정을 책으로 만들어 출판하기도 했다. 하지만 쿠르덴은 1753년 정신병원에 다시 감금되었고 당시 그의 행동은 상당히 괴상했던 것으로 기록되어 있다.

쿠르덴은 사람들을 감찰하도록 특별이 자신을 세우셨다고 믿었다. 신성을 모독하는 것, 안식일을 지키는 것을 지켜봐야 한다는 것이다. 그는 또한 자신을 알렉산더 교정가라고 스스로 칭하였으며 1755년 영국 국회에 이 칭호를 공식적으로 인정해 달라고 탄원하였으나 받아들여지지 않았다. 그는 런던의 길거리 벽에 써 놓은 외설적인 낙서들을 지우고 거기에 자신이 스스로 인정한 그 호칭을 붙이고 다녔다. 그러나 어떤 누구에게도 이것을 인정받지 못했다.

그는 국회에도 출마했지만 뜻을 이루지 못했다. 또한 런던 시장 딸과의 결혼 시도를 포함하여 여러 계층의 여성들에게 접근했지만, 결국 사람들에게 냉대를 받았다. 그는 재정적인 적자를 만회하려고 자신의

_하나님의 시간을 살다 간 사람들

상황을 그린 『교정가 알렉산더의 모험』이라는 책을 출판하기도 했다.

쿠르덴이 교정가로서 성공적인 일을 수행할 수 있게 되었던 것은 《매일신문》의 희랍어와 라틴어 교정을 보게 되면서부터였다. 그는 교정을 세밀하게 보았고 그 일을 잘 해 나갔다. 계속해서 관주의 교정을 해나갔고 1761년과 1769년에는 개정판을 냈다. 이 개정판 때문에 쿠르덴의 수입은 안정되었고 사람들은 그를 인정하기 시작했다. 이 책은 『킹 제임스판 표준 관주』로 오늘날까지 인쇄되어 남아 있다.

1770년 11월 1일, 그는 무릎을 꿇고 기도하던 채로 세상을 떠났다.

비록 괴짜였고 말썽 많던 쿠르덴이지만 그는 독실한 그리스도인이었으며 타고난 학자였다. 쿠르덴이 일시적인 정신질환을 앓고 있었다는 것에 대해 어떻게 생각하는가? 그리고 그의 삶에서 무엇을 배울 수 있겠는가? 하나님께서는 쿠르덴의 약점에도 불구하고 그를 사용하셨던 것처럼 우리의 약점에도 불구하고 우리를 사용하신다.

특별한 하나님의 방법

1860년 로드니 스미스는 영국의 한 천막에서 태어났다. 그의 부모는 집시였다. 로드니가 어느 정도 자랐을 때 그의 큰누이가 천연두를 앓았다. 이 때문에 가족들은 그 마을을 떠날 수밖에 없었다.

아버지 코넬리우스는 마을 밖에서 천막을 치고 병든 딸과 함께 생활했다. 나머지 가족들은 전염되지 않기 위해 근처에 다른 천막을 치고 머물고 있었지만 불행하게도 로드니의 형과 어머니가 천연두에 걸리고 말았다. 코넬리우스는 죽음이 임박한 아내에게 이렇게 물었다.

"당신, 기도해 보았소?"

그러자 그녀는 말했다.

"네, 그런데 기도하고 있을 때 검은 손이 내 앞에 내려와 내가 그 동안 행했던 것들을 보여주며 '내가 너에게 자비를 베풀 수가 없구나.' 라고 속삭였어요."

코넬리우스는 소년 시절 감옥에 있었는데, 그때 복음을 들었다. 그는 그 시절을 생각하며 아내에게 복음을 말해 주었다. 그리스도께서 죄인을 위하여 죽으셨다는 사실과 그녀가 주님을 바라보기만 한다면 그녀의 구세주가 될 것이라는 내용이었다. 그가 이야기를 마치자 그녀는 그를 껴안고 입을 맞추었다.

코넬리우스는 밖으로 나가 흐느껴 울었다. 그는 어렴풋이 아내가 부르는 찬송가 소리를 들을 수 있었다.

나에게는 약속의 땅에 있는 아버지가 계시네
나의 하나님이 나를 부르시네
나는 가야만 하네.
약속의 땅에서 주님을 만나기 위하여……

그는 급히 천막 안으로 들어와 물었다.
"폴리, 그 찬송을 어디서 배웠소?"
"내가 어렸을 때 아버지께서 어느 마을에 천막을 치셨어요. 젊은 사람들이 교회로 들어가는 것을 보았고 나도 같이 따라 들어갔어요. 그리고 이 찬송을 불렀던 것 같아요."
그녀는 그때 불렀던 찬송가를 기억하고 지금 부르고 있었던 것이다. 어린 시절의 이 찬송가가 그녀를 어둠 속에서 하나님의 빛으로 인도했던 생명선이 되었고, 다음날 그녀는 세상을 떠났다.
몇 년이 지난 후 코넬리우스 자신은 하나님 앞에 전적으로 헌신할 것을 결심했다. 그는 자신이 회개했던 한 선교단체의 모임에 갔다. 그리고 집으로 돌아왔을 때는 이미 새로운 사람이 되어 있었다. 아버지의 변화를 보면서 어린 로드니는 자신의 삶 속에서도 아버지와 같은 체험이 있기를 갈망했다. 어느 날 저녁 아버지의 천막 근처에 앉아서 로드니는 자신에게 이렇게 물었다.

"소망이 없이 집시로 방황해야 하는가, 아니면 분명한 목적을 가지고 그리스도인이 되어야 하는가."

그리고 이 질문에 대답하는 자신을 보고 스스로 놀랐다.

"하나님의 은혜로 나는 그리스도인이 될 것이고 천국에서 어머니를 만나게 될 것이다."

1876년 11월 17일, 로드니는 그리스도께 자신의 삶을 공적으로 헌신할 것을 결단하며 케임브리지에 있는 프리미티브 감리교회로 갔다. 예배의 마지막에 목사님은 주님께 헌신하기를 원하는 성도들이 성찬에 임하도록 초청하였다. 로드니는 제일 먼저 앞으로 나갔고 순수한 믿음으로 자신을 그리스도께 헌신하였다. 집으로 돌아와서 아버지께 이 사실을 말하자 아버지는 기도가 응답되었다며 감격에 젖어 눈물을 흘렸다.

후에 로드니 스미스는 "집시 스미스"로 알려진 하나님의 복음 전도자가 되었고 전도 집회를 개최하기 위하여 미국을 50차례나 왕복하였다. 비록 교육을 받지는 못했지만 그는 능력 있는 설교자였다. 그의 직선적인 메시지와 순수한 복음성가는 수많은 사람들을 그리스도 앞으로 인도하였다.

왜 하나님이 그리스도인이 될 수 없을 것 같은 사람을 주님 앞으로 인도한다고 생각하는가? 하나님은 기대하지 않았던 방법으로 특별하게 역사하시기 때문이다. 당신과 당신의 가족, 당신의 친구들, 그리고 모든 사람들에게도 하나님께서도 사랑이 깊은 가슴을 열어 놓고 계시다. 이 세상에 우리가 먼저 포기해야 할 사람은 아무도 없다.

장애는 불행이 아니다

화니 크로스비는 1820년 뉴욕의 풋난이라는 곳에서 태어났다. 그녀는 태어난 지 6주 만에 눈에 염증을 일으키는 심한 감기에 걸렸다. 부모가 그녀를 데리고 병원을 찾았을 때 담당 의사는 없었고 그 곳에 와 있던 어느 남자가 화니 크로스비의 눈 위에 뜨거운 찜질을 하도록 권했다.

그러나 불행하게도 이 잘못된 처방 때문에 화니는 시력을 잃게 되고 말았다. 그녀가 맹인이 되었다는 소식을 들은 그 남자는 황급히 어디론가 사라져 버렸고 다시는 그 마을에 나타나지 않았다. 불행은 계속해서 화니의 가족에게 일어났다. 그녀가 한 살이 되었을 때 아버지가 세상을 떠났다. 장님이 된 화니에게 할머니는 이렇게 말했다.

"내가 너의 눈이 되어 주마."

그 후 할머니는 화니의 삶 속에서 중요한 역할을 하게 되었다. 할머니는 이 어린 소녀에게 아름다운 저녁 햇살의 모습과 새들과 꽃들의 모습을 자세하게 설명해 주며 함께 시간을 보냈다. 화니가 19세가 되었을 때 또 다른 사람이 그녀의 인생의 중요한 역할을 했다. 그녀의 이름은 화울리였다.

화울리는 화니에게 시와 성경을 가르쳐 주었다. 화니는 시와 성경을 읽는데 많은 시간을 들여 열 살이 되었을 때 많은 부분의 성경을 암기하고 있었다. 열다섯 살이 되었을 때, 그녀는 뉴욕에 있는 장님학교에 입학하여 7년간을 공부한 후 11년 동안 그 학교에서 교사로 일했다. 학생들을 가르치는 동안 그녀의 시에 대한 재능은 더욱더 향상되었다. 그녀는 점자를 치는 데는 능숙하지 못했지만 놀랄 만한 기억력을 가지고 있었다. 그녀는 머릿속으로 시를 구상하고 그 시들을 편집하였다.

1850년 가을부흥회가 뉴욕시 3가에 있는 감리교회에서 열렸다. 화니와 몇몇 친구들은 매일 밤 그 부흥회에 참석했다. 두 번씩이나 그녀는 강대상에서 초청한 부름에 응답하였으나 그녀가 갈망하고 소원하던 기쁨과 평화를 발견할 수는 없었다. 1850년 11월 20일, 화니는 세 번째의 부름을 받았다.

그녀는 홀로 앞으로 나갔다. 성도들은 아이작 와츠의 찬송가인 "만왕의 왕 내 주께서"를 부르고 있었다. 그 찬송가의 마지막 절을 부를 때 화니는 기쁨으로 충만해지면서 "할렐루야!"하고 소리쳤다. 그리고 자신의 삶을 예수님께 드렸다.

후에 그녀는 맹인학교에서 만난 알렉산더 벤 아이스틴이라고 하는 장님 음악가와 사랑에 빠졌다. 38살의 화니는 그와 결혼하였고 그녀는 결혼 후에도 계속해서 결혼 전의 이름을 사용하였다. 당시에 그러한 것은 흔치 않았는데 그녀는 평생 동안 자신을 스스로 "미세스 크로스비"라고 불렀다. 화니는 회개한 후 역사상 가장 많은 찬송가를 작사한 사람 가운데 한 사람이 되었다. 그녀는 9천 곡의 찬송가를 1915년 그녀가 죽기 전까지 작사하였다. 그녀의 찬송가 중 60여 곡은 아직까지도 우리에게 사랑을 받고 있다.

찬송가 외에도 화니 크로스비는 인기 있는 강사로 전 세계를 방문했다. 그녀는 존 퀸시 아담스, 존 테일러, 앤드류 잭슨, 그로버 클리브랜드와 같은 대통령의 초청을 받아 백악관을 방문했다.

그녀의 친구들 중에는 호레스 그리레인, 핸리 크레이, 제니 린드와 같은 유명한 사람들이 있다. 그녀는 유명했지만 거만하지 않았으며 누구라도 복음을 듣고자 하면 그 기회를 제공하려고 하였다.

화니 크로스비는 눈이 먼 것으로 인해 동정 받기를 원치 않았다. 어떤 목사님이 하나님께서 그녀를 보지 못하게 하신 것에 대한 유감을 표시했을 때 그녀는 깜짝 놀랄 대답을 하였다.

"만일 내가 태어날 때 선택하라고 한다면 맹인이 될 것을 선택할 것입니다. 내가 제일 먼저 보고 싶은 것은 천국에 가서 나를 위하여 돌아가신 주님의 얼굴입니다."

화니 크로스비는 그녀의 있는 그대로를 받아들였다. 그리고 하나님께서는 그녀를 능력 있게 사용하셨다. 우리가 생각하는 삶의 장애물은 하나님께는 장애물이 아니다.

사랑의 표현

"자녀들아 우리가 말과 혀로만 사랑하지 말고 행함과 진실함으로 하자"(요일 3:18)

알렉산더 더프는 겔틱 말을 사용하는 경건한 농부의 아들로 1806년 스코틀랜드에서 태어났다. 그는 조지 폭스의 『순교자』라는 책을 영적인 양식으로 삼고 더글라스 부캐넌의 「'겔틱 시집'」을 읽으며 성장하였다.

알렉산더 더프
(Alexander Duff,
1806-1878)

부캐넌의 가장 잘 알려진 시 중에 「'심판의 날'」이라는 시가 있다. 이 시는 알렉산더를 몹시 놀라게 했다. 그는 하나님의 심판대 앞에 불려간 인간들이 한 사람씩 차례로 하나님의 심판을 받는 무서운 광경을 꿈에 보았다. 그는 두려움에 떨며 꿈에서 깨어났고 그리스도의 대속의 피를 통하여 하나님께로 용납된다는 확신을 갖게 되었다.

더프는 앤드류 대학에 다니면서 해외선교에 관심을 가졌고 스코틀랜드에서 파송한 첫 번째 인도 선교사로서 부름을 받았다. 그는 대학에 다닐 때는 물론 선교사로 부름을 받은 후에도 결혼에 대해서 전혀 생각지도 않고 있었다. 더프의 이러한 모습을 보며 한 나이든 성도가 점잖게 말했다.

"당신에게 아주 조심스럽게 말씀드리고 싶습니다. 하나님의 섭리 가

하나님의 시간을 살다 간 사람들

운데 만약 당신과 함께 세계의 험난한 곳을 함께 다닐 수 있는 시온의 딸 중 한 사람을 알게 된다면 그녀의 얼굴은 당신을 향하게 될 것이고 당신은 그녀와 친숙하게 대화를 나누게 될 것입니다. 만일 하나님께서 그녀의 마음에 당신의 마음과 생각을 넣어 주신다면 그녀와 당신은 서로 뜻이 맞게 될 것입니다. 하나님께서 그녀가 부모님 곁을 떠나 당신에게 전적으로 빠지도록 하신다면 그것은 바로 하나님의 섭리로부터 온 증거라고 생각하십시오. 당신은 그녀의 기독교 사회성을 엄중히 묶어 둘 적절한 수단을 사용하실 수 있습니다."

1827년 7월 9일, 더프는 이 나이든 성도의 충고의 의미를 깨닫게 되었다. 그리고 앤 스카 드라이스데일과 결혼을 하게 되었다. 그들은 50년 동안 함께 같은 길을 갔다.

1829년 8월 목사 안수를 받은 더프는 10월에 앤과 함께 캘커타를 향하는 배에 올랐다. 항해 도중 배가 두 번이나 파손되는 바람에 그들이 선교 교육을 위해 가져가던 개인 장서들이 엄청나게 손상되기는 했지만 그들은 하나님의 도움으로 살 수 있었다.

캘커타에 도착하자마자 더프는 특권 계급층을 만나면서 하나님 사역의 수단으로 교육제도를 이용하기 시작했다. 그의 계획은 인도의 엘리트들에게 성경과 더불어 과학과 서구 문화를 가르치고자 하는 것이었다. 몇 달 후 그는 다섯 명의 학생을 놓고 학교를 시작했다. 학교에 대한 소문은 들불처럼 퍼져 나갔고 일주일이 지난 후에는 300여 명의 학생들이 몰려들었다. 10년 동안 평균 학생 재적수는 800명이었다. '더프 칼리지'라고 알려진 이 대학은 인도에서 가장 큰 선교학교가 되었다.

더프는 복음보다는 교육에서 더 성공을 거두었는데, 그의 학생들 가운데 오직 서른 세 명만이 개종을 했다는 기록이 있다. 개종한 사람 모두는 인도에서 영향력 있는 그리스도인들이 되었다.

더프는 선교사이며 또한 정치가였고 강연자이기도 했다. 그는 수백 명의 사람들에게 선교사역을 자원하도록 영향력을 주었고 수천 명의 사람들이 지원을 아끼지 않았다. 사실 더프는 아주 침착한 사람으로 별로 유머감각도 없는 장로교인이었다. 그가 이루었던 모든 일들은 아내와 가족들의 놀라운 희생이 있었기 때문이기도 하다.

앤만큼 헌신적인 선교사 아내는 없었을 것이다. 그녀는 사랑과 기쁨, 헌신으로 가족의 영적 성장의 근원이 되었다. 부모가 인도로 떠나면서 영국에 남겨졌던 열 살짜리 막내아들이 써 놓은 글을 보면 그녀가 얼마나 큰 힘을 발휘했는지 알 수 있다.

> "나의 어머니와 내 자신의 마음이 얼마나 아픈지를 생각합니
> 다. 그리고 아버지가 아침신문인 《타임》지를 런던 브리지에서
> 사서 읽으시던 모습들을 떠올립니다. 그리고 우리의 마음은
> 슬픔에 젖었고 울면서 헤어졌습니다."

1865년 병을 앓던 앤이 영국에서 죽었을 때 더프는 인도에 있던 아들에게 어머니의 죽음을 떠올리며 아주 침착하게 편지를 썼다.

"가장 사랑스럽고, 매력적이었고 사랑스런 아내들과 어머니들 중 한 명이었던 너의 어머니는 하늘나라의 흰 장막에 빛나는 밝은 영 중의 하나가 되었다."

알렉산더 더프는 그 자신의 감정적인 부족함을 보충해 주었던 아내 때문에 축복을 받았다. 그러나 그가 그의 감정을 아내나 자녀들에게 좀 더 자유롭게 표현했더라면 그의 가족의 삶은 그들 모두에게 더 큰 보람이 되었을 것이다.

당신은 사랑을 표현하는 데 있어서 문제점이 있는가? 하나님께서는 다른 이들에게 우리의 사랑을 전달하기를 원하신다. 하나님께서는 우리에게 그의 사랑을 보여 주기 위해 그의 아들을 궁극적인 증거로 보내 주셨다.

인간은 모두 같다

　멕키 박사는 스포츠카와 비싼 옷, 그림 같은 저택
과 아름다운 아내 등 그야말로 모든 것을 갖추며 살고 있었다. 멕키 박
사는 남을 동정할 줄 몰랐으며 남을 동정하는 것은 좋은 일이라고 생각
하지 않았다. 그는 의사들을 훈련시키면서 의사들의 책임은 훌륭한 실
력을 갖고 환자들을 살리는 데 있다고 말하곤 했다. 또한 환자들과 감
정적인 교류를 갖는 것은 의사의 일에 방해가 된다고 했다. 멕키 박사
는 간호사들에게 진한 농담을 하기도 했으며 동료 의사들을 신랄하게
비판하곤 했다. 그리고 음악을 들으면서 수술을 하기도 했다.

　그런데 어느 날 웃고 떠들며 사람들과 이야기하고 있던 멕키 박사가
갑자기 심한 기침을 하더니 피를 토하기 시작했다. 한 의사가 여러 가
지 조사를 한 후 깜짝 놀랄 결과를 말해 주었다.

　"박사님, 박사님의 후두에 종양 같은 것이 자라고 있어요."

　갑자기 그의 미래가 그대로 멈추어 버렸다. 그의 값비싼 소유품들은
무용지물이 되고 말았다. 수술실의 책임자였던 그가 이제 환자가 되어
보험카드를 들고 줄을 서서 자신의 차례를 기다려야 하는 처지가 되었

다. 초조하게 자신의 차례를 기다리며 그는 다른 환자들의 불편함을 깨
닫게 되었다.

"내가 누군지 아느냐?"

멕키 박사가 아무리 소리쳐 봐도 간호사들이나 병원에서 일하는 사
람들은 아랑곳하지 않았다. 하얀 의사 가운을 벗고 청진기도 갖고 있지
않은 상태에서 멕키 박사는 다른 일반 환자와 마찬가지였다.

방사선 치료가 성공하지 못하자 멕키 박사는 그가 평소에 싫어하고
욕설을 퍼부었던 의사들이 주장하는 종양제거 수술을 받아야만 했고
그 수술은 성공하였다. 한풀 꺾인 채 회복 중에 있던 멕키 박사는 다시
의사들을 훈련시키는 일을 시작했다.

그러나 이번에는 모든 상황이 달라졌다. 멕키 박사는 그의 동료 의
사들도 사람이라는 것과 언젠가는 그들도 수술을 받아야 할 입장이 될
수 있다는 것을 인턴들에게 가르치기 시작했고 그들이 남에게 따뜻하
게 대하는 것이 무엇인지를 아는 것이 더 중요하다는 것을 가르쳤다.
그는 의사들에게 3일 동안 의사 가운을 벗고 환자들이 의사들을 얼마
나 의지하고 있는가를 환자의 입장이 되어 알도록 하였다. 그는 삶의
영적인 변화를 이해하기 시작했다.

멕키 박사는 오래 전에 예수님께서 "그러므로 무엇이든지 남에게 대
접을 받고자 하는 대로 너희도 남을 대접하라. 이것이 율법이요, 선지
자니라."고 말씀하신 것을 행하였다. 이것은 확실한 것이다. 환자의 자
리까지 내려가 본 멕키 박사는 더 이상 아픈 사람의 몸과 병든 부위를
능숙한 솜씨로 만지고 수술하는 단지 기술자와 같은 모습이 아니었다.
그는 수술 받는 입장에서 다른 사람을 불쌍히 보는 마음을 배웠다. 대
부분의 의사들이 돈을 벌려는 목적이 아닌 사람을 사랑하는 마음으로

일을 한다는 것을 우리는 알고 있다.

멕키 박사가 배웠던 것과 같은 교훈을 우리도 배워야 한다. 우리가 무엇을 생각하고 있든 간에 사람을 사랑해야 한다. 상대방의 입장에서 그들이 받기를 원하는 것을 우리는 얼마만큼 그들에게 해 줄 수 있을까?

당신이 목사이든, 의사이든, 간호사이든, 버스 운전기사이든, 사회사업가이든 당신이 상대하고 함께 일하는 사람들은 단지 교인이나 환자나 승객이 아닌 피와 살이 있는 인간이다. 사람들은 개인적으로 공포와 희망과 기대, 그리고 실망도 가지고 있다. 우리가 상상하는 외형적인 모습이나 전문가적인 면 뒤에서 인생과 죽음의 문제에 다가설 때는 모두 같은 사람들이다. 당신과 함께 일하는 사람들의 입장에 서는 것이 사랑과 치료를 줄 수 있는 또 하나의 방법이라는 것을 생각해야 한다.

내 구주 예수를 더욱 사랑

"나의 계명을 지키는 자라야 나를 사랑하는 자니 나를 사랑하는
자는 내 아버지께 사랑을 받을 것이요 나도 그를 사랑하여 그에
게 나를 나타내리라"(요 14:21)

엘리자베스 페이슨
프렌티스
(Elizabeth Payson
Prentiss, 1818-
1878)

엘리자베스 페이슨 프렌티스는 1818년 메인 주
포틀랜드에서 태어났다. 그녀의 아버지 에드워드
페이슨은 그 곳에서 목회를 하고 있었다. 에드워드
는 아주 경건한 사람이었으나 평생 건강이 좋지 않았으며 엘리자베스
도 아버지를 닮아 연약하였다. 그녀는 빈번히 앓아누웠고 고통 속에서
살아갔다.

21세가 된 그녀는 기독교 가정에서 자랐음에도 불구하고 자신은 참
믿음의 소유자가 아니라는 것을 깨달았다. 자신의 죄에 대한 인식이 점
점 더 심해져 가던 중 그녀는 "최후까지 구원하실 수 있는 그리스도의
능력"에 대한 설교를 듣게 되었다. 그 설교에 깊은 감동을 받은 그녀는
나중에 이렇게 적어 놓았다.

"이 설교를 듣고 있는 동안 저의 초라한 영혼은 죽어 있었습니다. 그
리고 그분이 저의 구세주가 아닐지라도 그분을 생각하는 것이 잘못일
수는 없다고 생각했습니다. 결국 저는 자신을 버리고 전에 제가 왜 그
분을 만나지 못했는가를 이상하게 생각하며 그 분께 감탄하였고 그 분

을 사랑하며 찬송하였습니다. 그리고 그 분이 수많은 사람들의 구주가 되심을 알고 제 주변에 있는 성도들과 함께 거하기를 소망하였습니다."

그날 교회에서 집으로 돌아오던 그녀는 자신이 경험하고 있는 평안이 믿어지지 않았다. 그리고 그 평안은 오랫동안 그녀의 영혼을 어지럽히던 부정적인 감정과는 아주 다른 것이었다.

1845년 그녀는 장로교 목사인 조지 엘 프랜티스와 결혼하였다. 6년 후에는 두 자녀와 함께 뉴욕으로 이사했다. 그 후 얼마 안 되어 아들이 죽었고 그 다음해에 엘리자베스는 셋째 아이를 낳았다. 그러나 그 아이마저 갑작스럽게 죽고 말았다.

어느 날 밤 아이들의 무덤에 찾아갔다 돌아온 부부는 비탄에 빠졌고 엘리자베스는 몸을 가누지 못할 정도의 신경쇠약에 걸리고 말았다. 절망에 빠진 그녀는 절규하며 남편에게 이렇게 말했다.

"우리 가정은 조각나버렸어요. 우리의 삶은 파괴되었고 우리의 소망은 산산이 깨어져 버렸어요. 우리의 꿈은 사라져 버렸어요."

남편은 그녀에게 지혜롭게 격려해 주었다.

"하나님께서는 우리가 이렇게 어려울 때 우리를 더욱더 사랑하신다오. 마치 우리 아이들이 아프거나 고통 속에 있을 때 우리가 그 애들에게 더욱더 사랑을 쏟는 것처럼 말이야."

남편의 말을 들은 엘리자베스는 벌떡 일어나 성경을 꺼내어 읽기 시작했다. 그녀에게 위로가 되는 찬송을 찾았다. 그녀는 찬송가의 가사를 묵상한 후 남편과 함께 그 가사를 나누었다. 그리고 "내 구주 예수를 더욱 사랑"이라는 곡과 같은 운율에 시를 써넣기 시작했다. 그후 엘리자베스는 123편의 많은 시를 써서 책으로 출판하였다.

1878년 8월 13일, 그녀는 버몬트의 도로셋에서 세상을 떠났다. 다음날 장례식에서 회중교회 목사가 예배를 인도하였는데 그의 손에는 엘리자베스가 1년 중 중요한 행사와 특별한 기념일 등을 성경구절과 함께 적어 놓은 작은 책자가 들려져 있었다. 목사는 8월 13일, 하늘에서 온 음성을 들었다며 다음과 같은 성경구절을 읽었다.

"지금 이후로 주 안에서 죽는 자들은 복이 있도다 하시매 성령이 이르시되 그러하다 그들이 수고를 그치고 쉬리니 이는 그들의 행한 일이 따름이라 하시더라"(계14:13).

그리고 장례식날인 다음날 목사는 히브리서 6장 10절을 읽었다.

"하나님이 불의하지 아니하사 너희 행위와 그의 이름을 위하여 나타낸 사랑으로 이미 성도를 섬긴 것과 이제도 섬기고 있는 것을 잊어버리지 아니하시느니라".

하관예배 마지막에는 엘리자베스가 쓴 찬송가 "내 구주 예수를 더욱 사랑"을 불렀다.

이 세상 떠날 때 찬양하고,
숨질 때 하는 말 이것일세.
다만 내 비는 말 내 구주 예수를,
더욱 사랑, 더욱 사랑

엘리자베스는 그녀가 보다 큰 필요를 느낄 때 보다 큰 하나님의 사랑이 그녀에게 임하였던 것을 깨달았던 것이다.

오직 성령만이

월터 루이스 윌슨
(Walter Lewis
Wilson, 1881–
1969)

하나님께서는 캔자스 시의 내과의사인 월터 윌슨 박사에게 성경을 깊게 사랑하도록 하셨다. 윌슨은 1896년에 회개한 후 열심히 성경을 공부하였고 하나님 말씀 안에서 그가 발견한 모든 것을 그 자신에게 적용하였다. 그런데도 아직 그의 삶이 영적인 열매를 맺지 못한 것이 그를 괴롭혔다. 다른 사람들은 그에게 "결과를 찾지 말고 씨를 뿌리는데 분주하라."고 용기를 주었다.

윌슨이 내과의사와 평신도 설교가로서 열심히 일을 하던 1913년, 프랑스에서 그의 집을 방문한 한 선교사가 그에게 질문했다.

"당신에게 성령은 무엇입니까?"

신학에 문외한이 아니었던 윌슨은 이렇게 대답했다.

"성령은 삼위일체 하나님 중에 한 분이십니다. 그 분은 가르치고 인도하시는 분입니다."

그러자 선교사는 다시 물었습니다.

"그 분은 삼위일체의 다른 두 분과 같이 없어서는 안 될 분이며 귀하고 위대하신 분입니다. 나의 질문에 꼭 대답할 필요는 없지만 당신에게 그 분은 무엇입니까?"

윌슨은 솔직히 말했다.

"그 분은 나에게 아무것도 아닙니다. 나는 그 분을 만난 적도 없고 개인적인 관계도 없습니다. 그리고 나는 그 분 없이도 잘 지내고 있습니다."

선교사는 대답하였다.

"당신이 아무리 많은 노력을 해도 삶의 열매가 없는 것은 바로 그 때문입니다. 만일 당신 자신이 스스로 간절히 그 분을 찾는다면 그분은 당신의 삶을 변화시키실 것입니다."

선교사의 말은 윌슨을 1년 내내 집요하게 쫓아다녔다. 그는 성령의 열매를 맺기를 원했다. 그러나 성령을 지나치게 찬양하여 그리스도를 열등하게 만드는 광신자가 되는 것을 두려워하였다. 신앙심이 두터운 한 친구가 그리스도를 알게 하는 것은 오직 성령만이 할 수 있다는 것을 성경을 인용하여 가르쳐 주며 그의 용기를 북돋아 주었다. 그리고 1914년 1월 14일 밤, 모든 것이 변화되었다.

윌슨은 후에 무디신학교 학장이 된 제임스 그레이 박사가 로마서 12장 1절에 대한 말씀으로 설교하는 것을 듣게 되었다. 그레이 박사는 이렇게 물었다.

"여러분, 이 성경구절에서 우리의 몸을 누구에게 주어야 한다는 것을 말하고 있지 않다는 것을 인지하셨습니까? 주님에게가 아닙니다. 주님은 그분의 몸을 가지고 계십니다. 또한 하나님 아버지께도 아닙니다. 하나님께서는 여러분에게 특권을 주셨습니다. 그리고 성령께 여러분의 몸을 드리도록 형용할 수 없는 명예를 주셨습니다. 그러므로 이 지상에 하나님의 집이 세워지도록 하셨습니다."

후에 윌슨은 성령께 이렇게 말했다고 회고한다.

"주님, 저는 그리스도인으로의 삶을 살면서 당신을 바로 섬기지 못했습니다. 성령을 종처럼 대했습니다. 하지만 이제 더 이상 그렇게 하지 않겠습니다. 머리에서 발끝까지 나의 온 몸을 당신께 드립니다. 당신이 기뻐하는 삶을 살도록 나의 전부를 드립니다. 이 순간부터 나는 당신의 몸입니다. 당신이 뜻대로 하십시오."

그리고 어느 날 두 여인이 윌슨의 사무실을 찾아왔다. 윌슨은 전에 예수님에 대하여 그들에게 말한 적이 없었지만 그날 아침에는 그들에게 그리스도를 전했고 두 여인은 그리스도를 믿게 되었다. 이것은 하나님께서 윌슨을 얼마나 강력하게 사용하실 것인지 예고하는 것에 불과했다.

후에 윌슨은 캔자스 시에 있는 중앙성서교회의 목회자로 가게 되었다. 그리고 지금의 갈보리 성서대학인 캔자스 시 성경대학의 공동설립자가 되었고 초대학장으로 재직했다. 의사 월터 윌슨은 종종 이렇게 간증했다.

"성령에 대한 나의 체험을 말하라고 한다면 1914년 1월 14일에 일어난 나의 삶의 변화를 말할 것입니다. 그 체험은 1896년 12월 21일 내가 구원받았던 날에 일어났던 변화보다 더욱더 큰 것이었습니다."

하나님께서는 윌슨 박사에게 행하셨던 것처럼 놀라운 방법으로 당신을 사용할 수 있다.

심령을 귀하게 보시고

"사람이 친구를 위하여 자기 목숨을 버리면 이보다 더 큰 사랑이
없나니"(요 15:13)

1908년 아일랜드의 탐험가 어니스트 새클턴은
남극점을 도달할 탐험대를 지휘하였다. 탐험대의 목적지는 남극 서쪽
지역의 200마일을 지나 남극점에 도달하는 것이었다. 이는 전에 누구
도 시도해 본 적이 없는 위험한 일이었다.

지도에도 나타나 있지 않는 눈과 얼음으로 덮여 있는 땅을 탐험한다
는 사실이 탐험대들의 길을 지연시키지는 못했다. 항해하는 도중 얼음
덩어리에 의해 배가 멈추었고 결국 부서져 파손되었다. 그들은 썰매에
짐을 싣고 어렵게 목적지를 향해 전진했다.

새클턴과 그의 대원들은 남극점 97마일 안에 도달하였다. 그리고 되
돌아가야만 했다. 용감한 그들은 그곳에 도달하기 위하여 필사적이었
다. 만일 그들이 성공하면 영웅이 될 것이다. 그러나 만일 실패하면 기
록에 남을 것이다.

새클턴은 이전의 어떤 탐험대보다 남극에 더 가까이 접근했지만, 탐
험을 계속한다면 그들의 목숨이 위태롭고 결국 죽음을 가져올 뿐이라
는 것을 분명히 알고 있었다. 그들은 지쳐 있었고 식량은 거의 바닥이

 _하나님의 시간을 살다 간 사람들

났다. 탐험을 계속하기 위해서는 썰매를 끄는 개들을 죽여야만 할 판이
었다. 무거운 마음으로 그들은 사우스조지아 섬의 가장 가까운 기지로
돌아가려고 출발하였다. 그 곳은 1,200 마일이나 떨어진 곳이었다.

새클턴과 그의 대원들은 얼음 빙판을 힘겹게 걸어갔다. 그들은 그들
이 탔던 배에서 꺼낸 1톤이나 되는 작은 구명선을 끌며 강행군을 했다.
마침내 그들이 구명보트를 타려고 바닷가에 도착했을 때 90피트나 높
이 치는 성난 파도를 만나기도 했다. 그들은 얼마 남지 않은 건빵과 마
른 과자를 나누며 끼니를 이었고, 절박한 상황을 대비해서 약간의 건빵
을 비축해 두었다. 밤이 되어 지친 대원들은 불을 지피고 슬리핑 백 속
으로 들어갔다. 잠을 청하지도 못하고 이리저리 파도에 배가 흔들리는
대로 몸을 맡겼다.

새클턴은 뒤척이다가 한쪽 구석으로 시선이 갔다. 그 곳에는 대원
중 한 명이 두리번거리고 있었다. 그는 자신의 옆에 있던 대원의 식량
가방을 뒤지기 시작했다. 색클톤은 가슴이 철렁했다. 그 대원은 자신이
가장 신뢰하던 대원이었던 것이다. 그가 결코 다른 대원의 식량을 훔치
리라고는 생각해 본 적이 없었다.

새클턴은 숨을 죽이며 그를 살피고 있었다. 그런데 그는 식량을 훔
치는 것이 아니라 옆에 자고 있던 대원의 식량가방에 자신의 건빵을 집
어넣고 있었다. 예수님께서는 "친구를 위하여 생명을 버리면 이것보다
더 큰 사랑은 없다."고 말씀하셨다. 일정을 시작한 지 7개월 후에 새클
턴 일행은 마지막 목적지에 도착하였다. 사람들은 자기의 식량을 다른
대원에게 주었던 그 사람이 너무 말라 알아보지 못할 정도였다.

어떻게 그들이 살아남을 수 있었을까? 어느 전기 작가는 이렇게 기
록하였다.

"탐험대들은 자신들의 위험한 탐험을 보이지 않는 어떤 누군가가 임재하여 안내해 주는 것을 느꼈다고 회상했습니다. 그들은 혼자가 아니라는 것을 느꼈다고 보고했습니다."

하나님은 용감한 탐험대들의 기도에 응답하셨던 것이다. 아일랜드 사람들의 결심보다 더 큰 것이 생존에 필요하였다. 하나님은 자신의 마지막 먹을 것을 형제에게 주려고 했던 그 사람의 심령을 귀하게 보셨다.

어려운 문제들은 마치 더운 물 속에 담가 놓은 티백과 같다. 이것은 안에 있는 것을 밖으로 내보낸다. 그것이 좋은 것이건 나쁜 것이건 간에 안에 있는 것을 밖으로 내보내는 것이다. 어려운 문제를 통하여 개개인이 정말 어떤 사람인가를 알게 된다. 관용이 있는지, 남을 생각하는지, 열정을 가지고 있는지를 알 수 있다.

2차 세계대전 때 라벤스버그 수용소에 있던 코리 텐 붐과 같은 체험을 찾아보자. 마지막 먹을 것을 먹고 싶을 때 그 곳에 있는 사람에게 먼저 줄 수 있는지를 자신에게 물어보자. 그리고 스스로 행동에 옮기자.

폭도들 앞에서

존 웨슬리
(John Wesley,
1703–1791)

1742년부터 1743년 사이에 존 웨슬리는 영국의
웨네스베리와 달라스톤, 그리고 월셀 지역의 광부들
에게 설교를 통해 성공적인 복음의 열매를 거두었
다. 두 차례에 걸쳐 그 지역을 선교한 결과 감리교회가 약 400개 가까
이 늘어났다.

웨슬리는 성공회의 성도들과도 좋은 관계를 유지하였다. 그러나
1743년 초 다른 감리교 순회 설교자가 도처에 다니면서 성공회 감독의
화를 부채질했고, 그 결과 성장하는 감리교 사역의 지원을 반대하는 일
이 빈번히 발생했다.

웨네스베리와 달라스톤, 그리고 월셀 지역의 성직자들은 감리교회
의 성장을 방해하기 위하여 감리교회들이 서로 헐뜯고 싸우며 상급에
만 목적을 두고 있었다. 그리고 이러한 감리교회들이 계속해서 존재하
도록 내버려둔다면 지역에 커다란 나쁜 영향을 미칠 것이라는 소문을
파다하게 퍼뜨렸다. 그 소문은 좋지 못한 결과를 가져왔다. 감리교도들
의 집안이 부서지고 배들이 약탈당하고 몇 명의 감리교 지도자들은 몰

매를 맞기도 했다.

1743년 10월 20일, 웨네스베리 지역으로 돌아온 웨슬리는 별다른 일 없이 정오에 설교를 할 수 있었다. 그런데 그 날 오후 늦게 달라스톤에서 온 한 폭도가 웨슬리와 그와 함께 한 감리교 지도자들에게 점점 다가오며 시비를 걸었다. 웨슬리는 폭도의 주동자와 개별적으로 얘기를 나눌 수 있었고 그들을 설득시켰다. 그들은 웨슬리의 안전을 약속했다. 한 여인이 군중들을 향해 이렇게 말했다.

"이 사람은 정직한 신사입니다. 우리는 그를 지키기 위해 피 흘릴 각오가 되어 있습니다."

이 말을 듣고 사람들은 각각 흩어졌다. 그런데 몇 시간 후 월셀에서 온 폭도들이 웨슬리와 그를 따르는 감리교인들을 고발하기 위해 자신들의 마을에 있는 재판소로 강제로 끌고 가려 했다. 그러나 이미 월셀에 가서 머물고 있던 달라스톤 폭도들은 웨슬리에 대해 우호적으로 변해 있었다. 그들은 이미 웨슬리의 집으로 50여 명의 사람들을 급히 보내어 그의 집을 보호하도록 하고 나머지는 달라스톤으로 돌아가도록 하였다. 그런데 웨슬리와 호위자들이 웨슬리의 집에서 100야드 정도 떨어진 곳에서 월셀에서 온 폭도들과 만나게 되었다.

웨슬리는 갑자기 자신을 호위하려는 달라스톤 폭도와 자신을 끌고 가려는 월셀의 폭도 사이에 서게 되었다. 그때 웨슬리를 보호할 것을 맹세했던 한 여인이 월셀 폭도들을 향해 몸을 날렸고 몇 명의 폭도가 쓰러졌다. 그녀는 곧 폭도들에게 붙잡혔다. 월셀에서 온 프로권투 챔피언인 문친이란 사람이 아니었더라면 살아남지 못했을 것이다. 폭도들은 웨슬리와 감리교도들을 월셀의 가파른 길거리로 끌어냈다. 그리고 군중들은 그들을 향해 위협하며 소리쳤다. 그때 웨슬리가 외쳤다.

“내 말을 들으시오!”

그러나 성난 군중들은 소리쳤다.

“들을 필요 없다. 저놈의 머리를 부숴 버려라. 죽여 버려라.”

웨슬리가 다시 말했다.

“내가 당신들이 잘못되었다고 했습니까?”

그리고 그는 하나님의 사랑에 대해서 말하기 시작했다. 잠시 그들이 듣는 것처럼 보였지만 15분 정도가 지나 웨슬리의 목소리가 점점 작아지기 시작했고 결국 그의 말은 들리지가 않았다. 문친이 이끄는 군중들은 “저쪽으로 끌어내서 그를 채찍질하라.”고 소리쳤다. 그때 웨슬리의 목소리가 기적적으로 되살아났고 그는 이렇게 소리쳤다.

“여러분, 그럴 필요 없습니다. 나의 옷을 당신들에게 주겠소.”

그는 하나님을 향해 큰소리로 기도하기 시작했다. 그런데 기도가 생각지 않은 방법으로 응답되었다. 문친이 존 웨슬리에게 눈을 고정시키고 더듬거리며 이렇게 말했다.

“선생이여, 당신을 위해 나의 일생을 바치겠습니다. 나를 따라오세요. 어느 누구도 당신의 머리털 하나라도 다치게 할 수 없습니다.”

그러자 몇 명 사람들이 길을 비켜 주었고 문친과 같은 말들을 하였다. 그리고 웨슬리와 감리교도들 주변을 인간방패를 만들기 시작했다. 군중들은 자신들의 지도자인 문친의 얼굴이 순간적으로 평온해짐을 보고 어안이 벙벙했다. 하지만 그들이 작은 시냇가의 다리 쪽으로 가까이 갔을 때 군중들은 “그를 물속으로 빠뜨려라.”라고 소리치기 시작했고 싸움이 일어났다. 문친은 반항하는 군중들 중 한 사람의 손을 부러뜨렸다. 그리고 웨슬리와 그를 돕는 사람들은 안전하게 가도록 했다.

존 웨슬리는 다음날 웨네스베리를 떠났지만 그의 사역의 열매는 계속 있었다. 문친과 팔이 부러졌던 젊은이가 감리교회에 가입했고 문친은 죽을 때까지 46년간을 웨네스베리와 월셀의 감리교 지도자로 사역하였다. 존 웨슬리는 하나님께서 자신을 돌보아 주실 것을 알고 맡겼고 하나님께서는 놀랍게도 지켜줄 자를 보내주셨다. 그 사람은 폭도들을 인도했던 프로권투 선수였다.

우리는 하나님께서 우리를 어떻게 도와주실지 모른다. 그러나 그가 우리를 위해 죽으셨던 그날까지 우리에게 영생을 주신 것을 알고 있다.

사랑의 빛으로 인하여

"사랑 안에 두려움이 없고 온전한 사랑이 두려움을 내쫓나니 두려움에는 형벌이 있음이라 두려워하는 자는 사랑 안에서 온전히 이루지 못하였느니라"(요일 4:18)

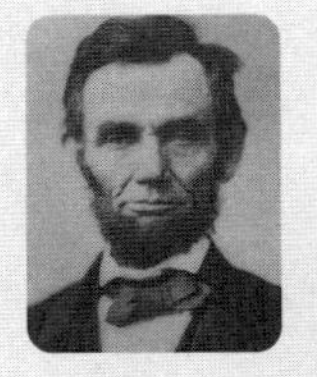

아브라함 링컨 (Abraham Lincoln, 1861–1865)

아브라함 링컨이 백악관에서 살 때, 그의 삶에는 고뇌와 두려움과 마음 아픈 일들이 가득 차 있었다. 1861년 50만 명 이상의 사상자를 낸 미국 남북전쟁이 발발했고, 그 와중에 사랑하는 아들도 죽었다. 회고에 의하면 링컨에게 가장 큰 시험은 아들의 죽음이 아니라 게디스버그 전투였다고 한다. 그 3일의 전투에서 5만 명 이상이 죽었다.

링컨은 다른 사람들이 두려움에 떨고 있을 때 자신이 담대함을 가질 수 있었던 비결에 대해서 그의 사령관에게 이렇게 말했다.

"모든 사람들이 두려움에 떨고 있을 때 나는 내 방에 들어가서 전능하신 하나님 앞에 무릎을 꿇고 기도합니다. 그러면 곧 편안함이 나의 영혼에 스며들며 전능하신 하나님께서 전적으로 나의 문제를 맡아 주십니다."

그리고 그는 성경의 시편 34편 4절("내가 여호와께 구하매 내게 응답하시고 내 모든 두려움에서 나를 건지셨도다") 속에서 주님을 의지함을 찾았다고 간증했다. 링컨의 성경은 이 구절에 손때가 묻어 있다. 링컨은 손

가락을 짚으며 이 구절을 수없이 읽었던 것이다.

예수 그리스도를 사랑하면 당신의 두려움은 사라지게 된다. 주의 사랑은 인간의 가장 큰 두려움인 죽음을 제거하셨고, 그리스도 부활의 축복을 우리에게 내려 주셨다. 우리는 담대해야 한다. 주님의 사랑 속에서 두려움은 한낱 명멸하는 빛이기 때문이다.

6부

헌신,
나를 버림을 통해 쌓는 천국의 금자탑

그리스도의 고난

폴 칼슨은 1928년에 터어났다. 그는 어린 시절부
터 의사가 되기를 원했다. 폴은 그 꿈을 쫓아 스탠포드 의과대학에서
들어갔고 졸업 후 병원을 개업하였다. 폴과 그의 아내 로이스는 단기선
교가 얼마나 중요한지를 알게 되었고 1961년 벨기에령 콩고로 가게 되
었다. 그곳에서의 경험을 바탕으로 1963년에 의료선교단을 열정과 헌
신적으로 이끌 수 있었다. 폴 칼슨 박사는 복음주의 언약교회의 사역으
로 콩고의 시골인 오솔로의 병원에 의사로 있게 되었다.

1964년 자칭 '심바스' 라고 불린 공산주의 반란군들이 콩고지역을
침투하였고 두 번째로 큰 도시였던 지금의 '키상가니' 인 '스테인리빌'
을 점령하였다. 그 해 콩고에서 교회연합회 주최로 성찬식이 열렸다.
칼슨 박사는 그 성찬식을 인도하게 되었다. 그때 그는 이렇게 말했다.

"우리에게 올해와 내년 사이에 무슨 일이 일어날지 모릅니다. 어쩌
면 올해 우리는 우리가 크리스천이기 때문에 고통을 당하고 죽어야 할
지도 모릅니다. 그러나 그것이 중요한 것은 아닙니다. 우리가 할 일은
주님을 따른 것입니다. 나의 친구들이여, 만일 오늘 당신들이 주님을

위해 고난 받기를 원치 않는다면 성찬에 참여하지 마십시오. 성찬에 참여한다는 것은 그 분을 위하여 기꺼이 고난을 받는다는 의미입니다."

폴과 로이스는 반란군이 오솔로 지역을 침투했다는 소식을 들었다. 폴은 그의 아내와 두 아이를 중앙아프리카에 있는 안전한 지역으로 피신시켜 놓고 홀로 오솔로로 돌아왔다. 폴은 라디오 방송에 귀를 기울였다. 9월 9일 그는 마을에 혼란이 일어나고 있다는 보도를 듣고 그날 밤 떠나야겠다고 생각했다. 그런데 다음날 폴의 아내 로이스는 남편 폴과 3명의 가톨릭 사제가 체포되고 병원이 불태워졌다는 소식을 들었다. 폴은 9월 24일 짧은 편지를 썼다.

"여기가 어딘지 내가 어디로 갈지 모르오. 오직 주님만이 나와 함께 하실 것이오. 만일 내가 산다면 하나님의 은혜로 인한 것이요, 내가 죽는 것 또한 하나님의 영광을 위한 것이라오."

폴은 1964년 10월 21일에 마지막 편지를 쓴다. 그는 그 편지에 이렇게 적고 있다.

"나는 주님을 만날 준비가 되어 있소. 나의 이러한 작정들이 당신을 더 어렵게 할지도 모르지만 나는 그리스도의 증인이 되어야 한다고 믿소."

5일 후 심바 레디오 방송은 '폴 칼슨'이라는 사람이 붙잡혀 교도소에 있다가 재판을 받기 위하여 스테인리빌이라는 곳으로 이송되어 갔다고 보도하였다. 폴은 매일 끌려 나가 길거리를 돌며 사람들에게 조롱을 당하고 심지어 매를 맞기도 했다. 11월 말쯤에 폴은 다른 교도소로 옮겨졌고 그곳에서 다른 미국인 죄수들과 서로 이야기를 나눌 수 있었다. 폴은 그들에게 말했다.

"나는 미래가 보이지 않습니다. 그러나 나는 주님께 나의 하루하루를 의지하며 살고 있습니다.”

4일 후 비행기 소리가 죄수들을 깨웠다.

“밖을 보시오. 밖을 보시오.”

누군가 복도를 뛰어오며 소리쳤다. 그들은 하늘에서 벨기에 특수훈련단이 낙하하는 것을 보았다. 폴은 50여 명의 백인 포로 가운데 섞여 시 광장으로 끌려갔고 꿇어 앉으라는 명령을 받았다. 그런데 갑자기 여기저기에서 기관총소리가 울리기 시작했다. 감옥 쪽으로부터 포로들을 향해 총을 쏘기 시작했던 것이다.

폴과 다른 사람들은 돌로 만든 광장 벽 위를 넘기 위해 그쪽을 향해 뛰었다. 폴은 다른 선교사가 먼저 벽을 넘을 수 있도록 도와주었다. 그리고 그 선교사가 칼슨의 손을 잡고 끌어올리려고 할 때였다. 다섯 발의 총소리가 허공을 갈랐고, 폴은 길거리어 쓰러져 사망하였다. 후에 그 선교사는 이렇게 말했다.

“그는 나를 먼저 탈출하게 했습니다. 나를 살리고 그는 죽었습니다.”

그의 묘비에는 이렇게 적혀 있다.

“이 사람만큼 위대한 사랑을 가진 이는 없다. 그는 친구를 살리기 위해 목숨을 버렸다.”

만일 당신이 폴 칼슨이 인도한 성찬식에 있었다면 그가 기꺼이 그리스도의 고난에 참여하려는 사람을 성찬에 임하도록 했을 때 어떻게 하겠는가? 우리는 주님의 고난을 생각할 때 그를 따르려는 사람들을 위하여 그가 본이 되어 주셨다는 것을 알 수 있다.

구원에 대한 열정

"그런즉 그들이 믿지 아니하는 이를 어찌 부르리요 듣지도 못한
이를 어찌 믿으리요 전파하는 자가 없이 어찌 들으리요"
(롬 10:14)

　　타이투스 코안은 서뉴욕에서 열렸던 찰스 피니의
부흥회에 참석했다가 회개하였다. 코안은 1834년 신학교를 졸업하고
샌드위치 아일랜드로 알려진 하와이 힐로라는 곳에 선교사로 갔다. 하
와이에 부흥을 가져와야겠다는 불타는 열정으로 그는 푸나와 카우 언
어 배우기에 몰두하였다. 1836년에는 두 개의 언어로 설교를 유창하게
할 정도가 되었다.

　　코안은 약 24개의 학교를 감독하고 교사를 훈련시키는 일을 하였다.
그러나 코안의 비전은 교사들을 훈련시키는 이상의 것이었다. 그의 기
도는 하와이 사람들이 그리스도에게 돌아오도록 하는 것이었다. 그는
원주민들에게 직접 복음을 전하기로 마음먹었다.

　　1836년 11월 그는 학생들에게 긴 크리스마스 휴가를 주고 걸어서 하
와이 섬을 여행했다. 표면상으로는 자신이 감독하는 학교를 방문하는
것이었지만 그는 그 마을을 방문할 때마다 설교를 하였고 수많은 사람
들은 그가 바라던 대로 모여들어 하루에 세 번씩 하는 그의 설교를 들
었다. 코안이 푸나 지역에 도착하였을 때도 많은 사람들이 모여들어 그

의 설교를 들었다. 가장 큰 도시에서 이틀 동안 열 번의 설교를 하였고 사람들은 그리스도께서 십자가 위에서 그들의 죄를 사하시기 위하여 대가를 지불하셨다는 것을 깨닫고 울기 시작했다.

설교가 끝난 후 사람들은 돌아가지 않고 코안이 머물고 있던 집까지 따라왔다. 밤 11시가 되자 코안은 그들을 집으로 돌려보냈고 다음날 새벽, 닭이 울자 그들은 다시 코안의 집으로 모여들었다. 특별히 푸나에서 화산 제사장이 회개하는 놀라운 역사가 일어났다. 우상숭배, 술 중독자, 간음을 행하는 일들이 이 화산 제사장이 가지고 있던 죄였다. 게다가 그는 살인까지도 범했다. 그런 그가 이제 하나님을 사모하는 열심히 가득한 사람으로 변한 것이다. 그의 여동생도 제사장이었는데 늘 복음을 적대시하였다. 그러나 그의 오빠가 변화된 것을 본 후 그녀 또한 그리스도를 영접했다.

한 달 후 힐로 지역으로 돌아온 코안은 사람들이 구원에 대해 큰 관심을 가지고 있음을 발견했다. 카우와 푸나에서 그가 설교하는 것을 들었던 사람들은 힐로까지 와서 그의 설교를 들으려고 하였다. 어떤 때는 그 마을에 무려 만 명이나 모이기도 했다.

주일날은 가로 200피트, 세로 85피트나 되는 건물이 꽉 찰 정도로 수백 명의 사람들이 모여들었고 안에 들어가지 못한 사람들은 밖에서 그의 설교를 들었다. 하와이 사람들은 더 큰 교회가 필요하다고 생각했다. 2,000명 이상을 수용할 수 있는 건물을 3주일 만에 건축하였다.

한번은 어느 젊은이가 기도 중에 사람들을 웃겨 예배를 혼란스럽게 하려다가 갑자기 의식을 잃고 쓰러졌다. 사람들은 그를 밖으로 옮겼고 몇 시간 후에 의식을 찾은 젊은이는 그의 죄를 회개하고 교회를 위해 열심히 봉사하였다.

그러나 부흥이 시작된 지 꼭 일 년 만에 비극적인 일이 발생했다. 저녁기도 때 조수가 그 섬을 강타했고 약 200여 명이 물속으로 쓸려 들어갔다. 그로 인해 13명이 익사하였고 생존자들은 그들의 재산을 모두 잃어버렸다. 하지만 조수 사건이 일어난 후 계속해서 교회는 성장했다.

1836년과 1837년에는 많은 회심자가 있었지만 1838년과 1839년 사이에 교회 회원 수는 늘어나지 않았다. 교회는 느리게 성장하였다. 그러나 코안은 새로운 회심자에 대해 각별한 관심을 가졌다. 그는 사람들이 회심한 날짜를 개인별로 기록하고 몇 달이 지난 후에 그가 참으로 회심을 했는지 확실히 하기 위해 그 사람을 다시 만났고, 그 사람을 교회에 초청했다.

1838년 7월 1일, 첫 회심자가 마침내 침례를 받고 교회는 그들을 받아들였다. 1,705명이 감동적인 침례를 받고 1853년 육만 천 명의 본토 하와이인 가운데 오만 육천 명이 그리스도를 고백했다. 그리스도를 향한 하와이 사람들의 구원에 대한 열정이 그가 행한 모든 것에 영향을 주었다.

풍요로움을 버리고

1913년에 두 장의 유언장이 서로 며칠사이를 두고 검인(보호관찰)을 받게 되었다. 그 유언장은 둘 다 손으로 쓴 것이었다. 한 사람의 유언장은 금융인 제이 피어폰트 모간의 것이었고 또 다른 하나는 프린스톤신학교를 졸업한 25세의 윌리암 보르덴의 것이었다. 그중 보르덴은 단지 앞으로 무슨 일이 있을지 몰랐기 때문에 몇 주 전에 유언장을 쓴 것일 뿐이다. 당시 그는 배를 타고 이집트를 향하고 있었으며 그 곳에서 하나님의 사랑을 나누기를 소망하였다. 그때 보르덴은 마지막 유언장을 썼다.

두 사람은 다 부자였으며 예수 그리스도를 믿는 사람이었다. 보르덴은 가족의 유산을 물려받은 상속자였으며 모간은 세계에서 가장 큰 금융왕국을 이룩한 사람 중에 한 사람이었다. 모간은 75세의 나이로 세상을 떠났지만 그리스도의 사업에 있어서는 보르덴이 남겨 놓은 것의 절반도 미치지 못했다. 이에 비해 보르덴은 아이러니하게도 모간의 인생의 3분의 1도 살지 못했지만 그는 모간보다도 주님의 사역을 위해 더 많은 것을 남겨 놓았다. 보르덴은 뇌막염으로 생명이 다했을 때 금전적인 면보다는 영적인 면으로 사람들에게 깊은 영향을 주었다. 그의 성실함과 사려 깊음, 그리고 그리스도를 전적으로 의탁하는 삶의 태도는 많은 사람들의 귀감에 되었다.

부유한 가정에서 태어났기에 얼마든지 여유 있고 호화로운 생활을 할 수도 있었던 보르덴이다. 그러나 그는 부유한 삶을 포기하고, 대신 가장 어려운 지역을 택하여 선교사로 나갔다. 보르덴은 열 살 때 그리스도를 영접한 후 돈을 결코 헛되이 쓰지 않았다. 그는 돈이 자신의 것이라고 생각해 본 적이 없었다. 그는 자동차를 사는 것이 정당하지 않은 사치라고 말하며 거절했고, 카이로에서 선교활동을 할 때에도 지역 사람들과 함께 우마차를 타고 다녔다.

신학교 시절, 그는 알코올 중독자를 전도하는 선교회를 만들었다. 23세 때는 시카고에 있는 무디신학교를 위하여 교리를 한 눈에 볼 수 있는 도표를 만들었다. 그가 죽었을 때 신문들은 이 젊은이의 안타까운 죽음에 대하여 보도했다.

"한 능력 있는 인간이 사라지다."

많은 사람들은 그의 죽음을 보고 "그의 삶에 대하여 그가 한 것을 생각하자."라는 말을 하며 애도하였다고 한다. 친구들도 그의 죽음을 슬퍼하며 이렇게 말하였다.

"주님, 왜 선교사들이 절실히 필요할 때 그를 데리고 가셨습니까? 정말 가치 있게 일하는 몇 안 되는 선교사 중에 한 사람인 그를 왜 데리고 가셨습니까?"

인간의 눈으로 볼 때 그의 죽음은 이해하기가 힘들었기 때문이다. 죽음을 마주하고 우리의 심령은 "왜 이런 일이 일어나야 하느냐."고 주님을 향해 절규한다. 짐 립섬이라는 사람은 비극적으로 요절하는 사람들에 대하여 이렇게 질문한다.

"하나님은 누구 편인가?"

그리고 그는 이렇게 적었다.

> "폴 리틀의 자동차 사고의 비극을 보면서 나의 이성적 견해로
> 는 우주가 바르게 운행하고 있는 것 같지 않다. 폴은 학원 선
> 교의 가장 능력 있는 전도자이며 교사, 그리고 저자였다. 그는
> 세계 선교의 선두주자였다. 그리고 쳇 비터맨은 왜 콜롬비아
> 테러단들에게 피살당했으며 존 스피어스가 필리핀 열도에서
> 사살당한 사건은 어떻게 보아야 할 것인가? 만일 우리가 하나
> 님의 주권을 인정하지 않는다면 그렇게 볼 수밖에 없을 것이
> 다. 그 분은 자신의 기쁘신 뜻대로 하신다. 하나님은 하나님
> 이 택하신 방법으로 영광을 받으실 권리가 있으신 분이다."

월리엄 보르덴은 짐의 이 같은 의견에 동의할 것이다. 또한 보르덴은 사도 바울이 빌립보에게 죽든지 살든지 그리스도께서 영광을 받으신다고 한 것에도 뜻을 같이 할 것이다. 보르덴의 좌우명은 "지연하지 말 것, 물러서지 말 것, 후회하지 말 것"이었다. 마치 웨스트민스터 신앙고백처럼 우리 삶의 목표는 하나님께 영광을 돌리는 것이다. 그리고 월리엄 보르덴은 그렇게 살았다. 그는 얼마나 오래 살 것인가를 보여 준 것이 아니라 어떻게 살 것인가를 보여 준 것이다.

우리는 이 점에 대해 깊이 생각해야 한다. 하나님께서는 우리가 보르덴처럼 돈을 다 나눠주리라고 기대하시지는 않지만 우리의 삶에 있

어서 무엇이 우선인가에 대해서는 기대하고 계신다. 여러분의 삶에서 가장 우선적이고 중요한 것은 무엇인가? 보르덴의 삶 속에서는 어떤 것이 가장 우선적이고 중요한 것이었다고 생각하는가?

천국으로 가는 계단

성경에는 왕좌 위의 바로에게, 국가의 하만에게, 또 교회 안의 유다에게 하나님의 백성들이 수없이 핍박을 받는 사례가 가득 차 있다. 스코틀랜드의 바로와 하만, 그리고 유다에 의해서 26살의 휴 멕케일이라는 사람이 쫓김을 당하고 죽었다. 멕케일은 에딘버러 대학을 졸업한 학구적인 젊은 목회자였다. 그는 언약교도였는데 당시 언약교도는 장로교 교리를 철저히 신봉하고 정부가 교회를 주관하는 것을 반대하였다. 찰스 2세 왕은 이 언약교도들을 반대한 사람이다.

1660년 영국 왕위에 오르면서 영국 교회의 지도자가 되고자 했던 그는 영국 교회를 내세워 스코틀랜드에 있는 장로교를 파괴하려고 했다. 혹독한 핍박이 시작되었고 4년 동안 피해 다니던 휴 멕케일은 1666년에 생포되었다. 생포 당시 그는 심한 결핵을 앓고 있었다. 에딘버그에서 혹독한 시련을 받았지만 그는 언약교도들에 대한 어떤 누설도 하지 않았다. 그는 다리 하나를 완전히 짓이겨 버리는 심한 고문에도 불구하고 동료 언약교도들에 대한 배신의 말을 단 한 마디도 꺼내지 않았다. 멕케일이 정신을 잃을 때마다 취조자들은 더 심한 고문을 했으며, 그로부터 배반의 소리를 듣기 원했다. 그러나 멕케일은 끝까지 입을 다물었고 결국 교수형에 처해지게 된다. 멕케일은 자신이 교수형에 처해질 것을 알게 되자 두 눈을 감고 기도했다.

"주시는 이도 주요, 걷어 가시는 이도 주이십니다. 주님의 이름을 찬양합니다."

취조를 받고 감방으로 돌아오는 길에 그는 감방 동료에게 이렇게 말했다.

"나는 기쁜 소식을 들었소. 4일간만 더 고문을 당하는 고초의 여행이 끝나면 나는 예수 그리스도의 모습을 보게 될 것입니다."

1666년 12월 22일 오후 2시, 휴 멕케일은 교수대로 끌려갔다. 다리가 묶인 채로 교수대 계단을 오르면서 함께 교수형에 처해질 사람들에게 이렇게 말했다.

"사랑하는 동료 여러분, 그리고 이 고통에 참여하는 이들이여, 두려워하지 마시오. 이 계단은 천국으로 가까이 가는 계단입니다."

그는 목에 밧줄이 매이자 돌아서서 청중들에게 이렇게 말했다.

"이것이 나의 위로입니다. 나는 나의 대속주께서 살아 계시고 이제 나는 기꺼이 주님의 말씀대로 주를 위하여 나의 생명을 드리려고 합니다. 개혁교도와 개혁의 사역은 이 스코틀랜드의 영광으로 남을 것입니다. 내가 교수형에 처해지는 것은 진리를 수호하고자 하는 나의 노력입니다. 여러분께서는 나의 용기의 근원이 이 일에 있다는 것을 알게 될 것입니다. 여러분에게 성경의 마지막 장을 읽어드리겠습니다."

그는 요한계시록 22장을 읽었다. 그리고 잠시 생각에 잠긴 후 마지막 말을 남겼다.

"여러분께서는 생명의 강물이 나에게 흐르는 것을 보여 주실 영광을 보시게 될 것입니다. '목마른 자들아 내게로 오라' 고 말씀하시는 축복과 영광이 내게 가까이 임하는 것을 보게 될 것입니다. 그리고 하나님의 영과 신랑 예수께서 오라고 부르시는 것을 여러분은 보게 될 것입니다. 나는 사랑하는 아버지 하나님 앞으로 올라가게 될 것입니다. 그 분은 나의 하나님이시오, 여러분의 하나님이십니다. 나의 왕이 되시며 여러분의 왕이 되신 그 분은 사도들을 축복하셨고 순교자들을 축복하셨습니다. 살아계신 하나님의 도성 하늘나라 예루살렘, 수많은 천사들이 있는 곳으로 올라갈 것입니다. 그리고 모든 것을 심판하실 하나님 앞으로 갈 것입니다. 온전해진 영혼들과 새 언약의 중재자이신 예수님 앞으로 올라갈 것입니다. 여러분에게 고별의 말씀을 드리고 싶습니다. 하나님은 내가 누렸던 것보다 더 큰 편안함을 여러분에게 주실 것입니다. 그리고 하나님께서는 더욱더 새롭게 임하실 것입니다. 주 안에서 평안하십시오."

휴 멕케일은 고문으로 인하여 다리가 부셔졌지만 동료 크리스천들을 배반하는 것을 거절했다. 당신은 그가 어떻게 고문을 견딜 수 있었다고 생각하는가?

변함없는 **친구**

빌리 그래함
(Billy Graham,
1918-   )

1973년 3월, 빌리 그래함은 백악관에서 이스라엘의 골다 메이어 수상과 저녁식사를 하게 되었다. 저녁 8시에 이스트 룸에서 빌리 그래함 부부는 초청된 다른 사람들 속에 섞여 있었다. 빌리는 접견자들의 줄을 따라 움직였고 메이어 수상과 인사를 나누게 되었다. 메이어 수상은 빌리에게 가벼운 입맞춤으로 인사를 했다.

메이어 수상은 닉슨 대통령과 빌리 사이인 테이블 12번에 앉게 되었고 빌리 그래함의 아내인 루스는 테이블 9번에 앉아 약간 얼떨떨한 상태에서 그들을 바라보고 있었다. 루스의 옆에는 한 유대인 여인이 앉아 있었는데 그녀는 자신의 옆에 앉아 있는 사람이 빌리 그래함 목사의 아내라는 것을 전혀 의식하지 못한 채 빌리와 골다 메이어를 의심스럽게 쳐다보고 있었다.

"빌리 그래함 목사는 골다 메이어 옆에 앉아서 무엇을 하고 있는 거지?"

그녀는 혼자말로 투덜거렸다. 그리고 옆에 있는 루스에게 물었다.

 하나님의 시간을 살다 간 사람들

"빌리 그래함 목사가 그녀를 개종시키려는 것일까요?"

루스는 비꼬는 투로 대답했다.

"나는 골다 메이어 수상에게 돈을 걸겠어요. 그녀는 절대로 개종하지 않을 걸요."

빌리 그래함과 닉슨 대통령의 친분은 닉슨의 어머니 때문이었다. 당시 법과대학원을 다니고 있던 닉슨에게 어머니는 자신이 설교를 들은 젊은 복음 전도자에 대해서 말했다. 두 사람은 빌리 그래함이 워싱턴 D.C에 있었던 1950년도까지는 만나본 적이 없었지만, 그후 캘리포니아에서 온 초선 국회의원 닉슨과 빌리 그래함의 친분이 쌓이게 된 것이다. 닉슨이 존 F. 케네디와의 경쟁에서 패배한 후에도 두 사람은 서로 좋은 친구로 남았다. 훗날 닉슨이 대통령이 된 후 닉슨은 그래함에게 자문과 기도를 요청하였고 그래함은 종종 백악관에서 예배를 인도하고 설교를 하였다.

1973년 닉슨의 두 번째 대통령 취임식에서 빌리 그래함은 아내 루스에게 말했다.

"닉슨 대통령이 평소의 닉슨 같아 보이지 않은 것 같아. 저렇게 행동하는 것을 본 적이 없었거든."

빌리는 후에 이렇게 기록을 남겼다.

"닉슨은 형편없이 정신 나간 사람 같았고 우리가 참석한 것도 알지 못하고 있었습니다. 나는 그가 몹시 긴장하고 있다는 것을 그의 눈을 보고 알 수 있었습니다. 당시 나는 그의 다른 동료들에게 무슨 일이 일어날지 전혀 모르고 있었습니다."

골다 메이어 수상과 식사를 한 후 얼마 안 있어 워터게이트 사건이 터졌다. 빌리 그래함은 그 소식을 듣고 너무나 낙심했다. 그래함은 친구로서의 닉슨과 워터게이트 사건을 은폐한 죄인으로서의 닉슨을 구별했던 사람이었다. 그래서 빌리 그래함 목사는 사람들로부터 닉슨을 비난하지 않는다고 지탄의 소리를 들었다. 이렇게 빌리 그래함 목사는 변함없이 닉슨과 친분관계를 지켜나갔다. 하지만 닉슨은 빌리 그래함에게 전화 한 통도 없이 1994년 4월에 세상을 떠났다. 닉슨의 가족들은 그의 장례식에 설교를 빌리 그래함 목사에게 부탁했다. 빌리 그래함 목사는 특별한 장례식을 행했다. 닉슨을 하늘 나라에서 볼 수 있다는 소망과 함께.

"닉슨의 어머니 장례식에서 닉슨은 나에게 어머니의 믿음에 대해 몇 분간 이야기하였습니다. 나는 닉슨에게 어머니가 가졌던 그러한 믿음을 당신도 갖고 있느냐고 물었습니다. 그때 닉슨은 '나는 믿습니다.' 라고 조용히 말했습니다. 그것은 늘 개인적으로 경건의 생활을 하는 퀘이커 교도들의 방식이었습니다. 나는 당신의 삶을 이끌어 가는 방법이 그것이요, 당신이 천국으로 갈 수 있는 길이라고 말해 주고 그를 위해 기도하였습니다. 후에 그는 그의 삶의 가장 위대한 순간 중에 한 순간이라고 말했습니다. 나는 그가 말한 것을 믿습니다."

워터게이트 사건이 잇달아 일어난 후 닉슨은 몇 달 동안 소식이 없었다. 그 몇 달은 친구를 위한 사랑의 충고로 침묵을 지켰던 것이다. 침묵이 끝난 후 빌리 그래함은 닉슨의 우정을 알게 되었다. 닉슨이 그의 보좌관들에게 "빌리 그래함 목사님을 나에게 가까이 오지 못하도록 하시오. 나는 워터게이트 사건으로 그에게 오명을 쓰게 하고 싶지 않아요."라고 말한 사실을 알게 되었던 것이다.

사건이 일어난 후 닉슨과의 연락이 닿지 않았을 때 빌리 그래함 목사는 무슨 생각을 했겠는가? 그와 같은 상황에서 당신은 죄인과 죄를 구별하고 친구로서 충실히 남아 있을 수 있는가? 빌리 그래함과 리처드 닉슨은 그들의 방법대로 서로에게 충실했던 것이다.

의롭고 경건한 삶

"하나님이 미리 아신 자들을 또한 그 아들의 형상을 본받게 하기
위하여 미리 정하셨으니 이는 그로 많은 형제 중에서 맏아들이
되게 하려 하심이라"(롬 8:29)

지로라모 사바나롤라는 1452년 이태리의 페라라
에서 태어났다. 그는 신앙생활에 푹 빠져 있었던 아주 예민하고 진지한
소년이었다. 그는 의사수련을 받기 시작했지만 그의 이상주의는 그에
게 의사직을 포기하게 만들었고 대신 그는 세상의 악과 싸우기 위해 도
미니칸 수도원으로 들어갔다.

1482년에 프로렌스에 있는 산 마리오 수도원으로 옮기면서 그는 중
요한 직책을 맡게 되었다. 당시 사바나롤라는 가톨릭 교회의 부패로 인
하여 몹시 괴로워하고 있었다. 그가 본 가톨릭 교회의 지도자들은 경건
함이 결여되어 있었기 때문이다. 그는 금식과 기도, 그리고 초신자들을
가르치는 데 전력을 다 했다.

사바나롤라가 설교가로서 유명해지기 시작한 것은 1491년부터이다.
그의 설교의 근본적 주제는 하나님의 급박한 심판과 회개의 필요성을
강조한 것이었다. 그는 성직자들의 세속성과 지배계급의 악행, 그리고
세속적인 생활의 보편적인 부패성에 대하여 반대하는 설교를 하였다.
이러한 비판은 1494년 당시 플로렌스에서 권력을 잡고 있는 민주당의

영적 지도자들에 대한 것이었다. 프랑스 왕이 플로렌스를 정복한 후 그 도시를 점령하려고 했을 때 포기하도록 만들었던 그는 사람들로부터 더욱더 많은 인기를 얻었고, 많은 사람들이 그를 예언자로 생각했다.

사바나롤라는 교회와 나라의 개혁을 위해 그의 인기와 권력을 사용하였다. 그는 가톨릭 교회의 초기 개혁자 증의 한 사람으로 인정받고 있다. 그는 다른 종교개혁자들처럼 개혁을 단행하지는 못했지만 교회의 가르침과 조직에 반대했다. 그는 믿음으로 의롭게 됨을 믿었고 경건의 삶을 살아야 하는 것을 믿었기 때문이다.

이러한 노력의 결과, 그는 플로렌스 전체를 이끄는 중요한 인물이 되었다. 그의 지도력은 그 지방을 놀랍도록 변화시켰다. 사업가들은 부정한 수익을 환원하기 시작했다. 많은 사람들이 성경을 읽게 되었고 교회 안에 가득 차게 되었다. 그러나 이 같은 변화는 사바나롤라에게 많은 정적을 낳게 한 계기가 되었다. 교황 알렉산더 6세는 그가 공개적으로 교황의 인격을 공격하고 정죄했으며 교황의 권위를 인정하지 않는다며 그를 미워했다.

1495년 교황이 사바나롤라를 로마로 불렀으나 그는 거절하였고 이에 따라 교황은 그에게 설교를 중단할 것을 명령하였다. 사바나롤라는 그 명령을 받아들여 잠시 동안 설교를 중단하였으며 그 기간에 많은 공부를 하였다. 또한 그는 가난한 사람들과 시간을 보냈고 거리에서 찬송을 부르며 지냈다. 교황은 자신에게 더욱더 복종하는 새로운 사제단으로 산 마르코 수도원을 편입하겠다는 명령을 내렸다. 이는 사바나롤라를 통제하려는 의도임이 분명했다. 그러나 사바나롤라는 그 명령을 받아들이지 않았다.

플로렌스에서의 사바나롤라의 영적인 영향력은 매우 컸다. 1497년 사순절 기간 동안 청소년들은 음란서적과 사진들을 모아 사거리 광장에서 찬송을 부르며 그것들을 불태워버렸다. 이러한 행동들은 도시에 있는 많은 온건주의자들에게는 모욕적인 것이었다. 시간이 지나면서 사바나롤라의 극단적인 견해를 지지하는 사람들이 감소했으며, 따라서 그의 권력도 점점 쇠퇴해 갔다.

교황 알렉산더 6세는 사바나롤라를 향한 사람들의 마음이 변화하고 있다는 사실을 이용하여 그를 제거하기로 결심했다. 1497년 5월 13일, 교황은 사바나롤라가 교황의 말에 복종하지 않았다는 이유로 그를 파문시켰다. 교황은 플로렌스에서 사바나롤라를 제거시키거나 그가 재판을 받도록 로마로 보내라고 명령을 내렸다. 새로운 정부는 1498년 4월에 사바나롤라를 체포하였다. 그는 선동과 이단 죄로 재판을 받고 무참한 고문을 당하였다. 1498년 5월 23일, 그는 공개적으로 교수형에 처해졌고 그의 시신을 불태워졌다. 플로렌스의 시민들 대다수는 옛날의 생활로 돌아갔으나 많은 사람들은 새로운 삶을 살게 되었다. 그들 가운데 한 사람이 바로 조각가 미켈란젤로이다.

사바나롤라는 모든 그리스도인들, 특히 신앙의 지도자들은 그들이 설교한 대로 실천하며 살아야 한다고 주장했다.

우리의 능력 안에서 그리스도인의 삶을 사는 것은 불가능하다. 그러나 우리의 헌신을 예수 그리스도께 드리면 그 분은 우리에게 그 분처럼 살 수 있도록 인도하실 것이다.

_하나님의 시간을 살다 간 사람들

아름다움은 남는다

빈센트 반 고흐
(Vincent van
Gogh, 1853–
1890)

빈센트 반 고흐는 네덜란드의 가장 위대한 화가 중의 한 사람이다. 그는 아주 특이한 삶을 살았던 것으로 많이 알려져 있다. 그가 그린 그림들은 자신의 내면을 고스란히 반영했고, 예술가로서의 고통과 절망 그리고 환희를 읽을 수 있다.

그러나 그의 예술혼에 비해 생활은 매우 궁핍했다. 그는 동생 테오가 보내주는 돈에 의존하면서 살아야 했고, 백 불 정도에 해당하는 돈으로 겨우 작품 하나를 완성할 수 있었다. 오늘날 그의 그림들 중에 어떤 것은 천만 달러에 팔리고 있는데 말이다.

반 고흐의 그림은 매우 특이하며 환상적인 매력을 주고 있지만, 당시 반 고흐는 그의 위대한 능력을 인정받고 있지 못했다. 약간의 예술적 전문지식을 가진 사람이라도 반 고흐의 그림 속에서 자신을 사로잡는 무언가를 발견하게 된다. 과연 화가 반 고흐는 어떤 사람이었을까?

그는 1853년 3월 30일, 네덜란드 북 브라반트의 그루트 준데르트 마을에서 검소한 목사 테오도르의 6남매 중 맏아들로 태어났다. 무슨 이

유에서인지 반 고흐는 다른 사람들과의 유대관계가 별로 좋지 못했다. 그러나 그는 다른 사람들을 사랑하는 마음을 가졌었고 목회자로서 아버지의 뒤를 따르기로 결심했다. 그는 1878년 벨기에의 수도 브뤼셀로 가서 신학 공부를 시작했다. 그리고 탄광지대로 가서 목회를 시작했다.

그는 그곳의 광부들에게 예수를 믿게 하려고 노력하며 모든 것을 희생했다. 그러나 고흐가 궁핍한 사람들을 돌보면서 전도에 몰두하고 설교를 하였지만 그리스도에게로 돌아온 사람은 거의 없었다. 그럼에도 불구하고 그는 사람들로 하여금 예수를 믿게 하려는 열렬한 마음으로 탄광 속에 뛰어들어 광부들과 함께 생활했다. 그러나 벨기에의 선교협회에서는 그의 목사직분을 박탈했다. 그 이유는 단지 그가 지나치게 열심히 일한다는 말도 안 되는 것이었다. 그의 자서전을 쓴 작가는 이렇게 말했다.

"반 고흐는 친구도 없었고 가족들로부터도 버림받았기 때문에 그림을 그리기로 결심했다."

반 고흐는 인상파를 연구하기 시작했다. 그러나 인상파 미술을 부활시키려 하지 않았고 나름대로 자신의 그림을 그리려고 노력했다. 그는 거리를 그렸고, 프랑스의 작은 마을을 그렸고, 그가 머무는 전세방을 그렸다. 어떤 사람은 그가 태양빛 속에서 그림을 그렸기 때문에 작품이 되었다고 말한다. 또 어떤 사람은 그가 가난하고 먹을 것이 없었기 때문에 작품이 되었다고 말하고, 그의 불안정한 마음과 내적인 고민 때문에 그림이 되었다고 말한다. 그러나 어떠한 것이 원인이 되었든 간에 궁극적인 것은 그의 광기를 표현했기 때문이다.

그는 친구인 화가 고갱과 다투다가 칼로 친구를 찌르려고 협박했다. 그러고 나서 후회와 죄책감으로 면도칼로 자신의 오른쪽 귀를 잘라내는 처벌을 스스로 행했다. 그는 일생 동안 자신이 실패자라고 생각했고, 결국 1890년 7월 30일 정신병원에서 스스로 목숨을 끊었다.

그는 과연 실패자였을까? 이에 대해 당신이 삶을 어떻게 보느냐에 따라 달라진다. 1987년 '붓꽃'이라는 그림은 소더비 예술품 경매에서 5,000만 달러에 팔렸다. 오늘날 암스테르담에 있는 거대한 박물관에는 가격으로 따질 수 없는 그의 그림들이 걸려 있다. 그는 위대한 예술가로서 전 세계에서 인정받고 있다.

화가 빈센트 반 고흐가 우울한 어둠의 골짜기를 통과하지 않았다면 그러한 그림들을 그릴 수 있었을까? 아마도 대답은 '아니다'일 것이다. 여기에 생각해야할 문제가 있다. 반 고흐는 평범한 설교자가 될 수도 있었다. 그러나 가슴 아픈 실패가 위대한 명작을 만들어 내도록 하였다. 화가 피에르 오그스트 르느와르는 이렇게 증거했다.

"고통은 지나가나 아름다움은 남는다."

우리는 실패와 외로움의 어두움에 빠져 방황하는 반 고흐와 같은 사람들에게 관심을 가져야 한다. 그들의 삶은 누군가가 인정하기만 한다면 천재적인 능력을 갖는 사람들이다. 이런 사람들은 세상적인 안목에서 보면 실패자들이다. 그러나 하나님의 견지에서 보면 누가 알겠는가? 빈센트 반 고흐와 같은 사람들이 오늘날 더 많이 살고 있다는 것을 누가 알겠는가? 당신이 빈센트 반 고흐가 실패자라고 생각하든 하지 않든 그것은 당신의 성공에 대한 정의에 상당히 많이 좌우된다.

사람들은 삶에 대한 그의 부름이 어떠한 것인가에 의해서 성공과 실패를 한다. 만일 광부들을 회개시키려고 하는 그의 시도에 그가 실망하지 않았다면 반 고흐의 삶이 어떻게 달라질 수 있었다고 생각하는가?
당신은 미래에 위협을 주는 어떤 실망적인 요소를 가져본 적이 있는가?
하나님께서 보다 생산적인 섬김을 위하여 당신을 직접적으로 인도하시
기 위하여 어려움을 사용하신다고 하는 것이 가능한 일인가?

헬리의 헌신

에드몬드 헬리는 혜성의 발견자로 기억되고 있
다. 그는 대서양의 자석해도를 처음으로 개발한 천문학자이면서 탁월
한 수학자였다. 그리고 난파선 구조 선박을 위한 다이빙 헬멧을 발명하
기도 했다.

그러나 헨리의 눈부신 공헌은 과학 분야이다. 헨리는 아이작 뉴턴을
격려하고 그를 지원했다. 뉴턴은 새로운 분야의 수학을 탁월하게 계산
하고 있던 온유하고 남과 어울릴 줄 모르는 신사였다. 뉴턴은 그의 방
정식을 제쳐 두고는 과학의 세계에 주목을 끌만 한 것이 없었다. 헬리
는 뉴턴의 연구의 중요성을 이해하고 그에게 책을 쓰도록 격려하였다.
그래서 뉴턴은 미분, 현재의 미적분학으로 알려진 새로운 수학을 완성
하게 되었다.

그는 또한 행성궤도의 4가지 명제에 대하여도 설명하였다. 헬리는
뉴턴의 550페이지에 달하는 논문을 교정하기 위해 자신의 천문학 분야
에 대한 연구도 제쳐 놓았다. 또한 그는 출판을 감독하고 인쇄하는데
자금을 융통하였다. 결국 『자연철학』과 『수학적 원리』라는 합동의 역작

이 뉴턴을 유명하게 만들었다.

오늘날 역사가들은 헬리의 행위는 현대과학에 가장 헌신적인 행동 중 하나였다고 말한다. 예수 그리스도만이 오직 머리가 된다. 나머지 우리는 똑같은 위치의 단순한 지체일 뿐이다. 당신은 자만과 싸우고 있는가? 오늘 기도 중에 하나님께서 그리스도를 교회의 모든 것 위에 머리가 되게 하셨다는 것에 대하여 감사하자. 그리고 그리스도의 몸의 지체를 튼튼하게 할 수 있고 섬길 수 있는 길을 찾아보자.